実践

研究計画作成法

[第2版]

情報収集から
プレゼンテーションまで

北原保雄 監修

独立行政法人
日本学生支援機構
JASSO Japan Student Services Organization
東京日本語教育センター

はじめに

　近年、アジアを中心とした地域では、著しい経済発展とともに高等教育へのニーズが急速に高まり、日本の大学院に進学する留学生は年々増加しています。一方、日本においても、「留学生30万人計画」実現に向けて大学院重点化が推進され、教育研究水準の向上を図る上で、優秀な留学生の獲得が喫緊の課題となっています。留学生受け入れ体制の一環として、英語による授業が導入される傾向にあるものの、英語で学位が取得できる大学院数は1割程度であり、英語を得意としない留学生にとっては、二つの言語を同時に学ぶことが大きな負担となります。したがって、様々な背景をもつ留学生が日本語で日本の大学院に進学する可能性を高めることは、「留学生30万人計画」推進のためにも欠かせません。実際、多くの大学院で日本語による研究計画書の提出が課せられ、日本語能力のみならず、研究意欲や専門知識の有無、研究への適性（課題発見・解決力、論理的・分析的思考力）が測られます。入試において重要視される研究計画書の作成指導に対しては、留学生からのニーズが高まる一方で、教員からは個別的・専門的で困難であるとの声が多く聞かれます。

　このような背景から、本センターでは、中期計画の一環として、外国人留学生の研究計画書作成指導の指針となるような教材の開発に着手し、大学院進学者を対象としたクラスにおける試用と改訂を重ねて参りました。作成方針としては、研究課題が策定できない学生が少なくないという現状を踏まえ、様々な情報収集のストラテジーを提示するとともに、論理思考のトレーニングを多く取り入れることとしました。また、研究計画書の構成上の問題点への対処として「研究計画魚」を用い、抽象概念を視覚化するという着想に至りました。さらに、指導の実践を通して特定できた「研究計画書に頻出の表現」を取り上げ、研究計画書執筆に特化した日本語の強化も基本方針の一つと致しました。

　本書は、大学院進学を目指す日本語能力試験2級レベルの留学生を主な対象に、クリティカルライティング・リーディング、情報収集・処理のスキルを育成しながら、タスクを通して実践的に研究計画書が作成できる体験型テキストです。本書では、分野を問わず必要とされるスキルの育成を目標に学習項目を設定し、「知識の提示」ではなく、豊富なタスクで「学習者が主体的に考え行動する」形式をとっており、一斉授業でも扱いやすくなっています。数年にわたる試行錯誤と多くの方々のご協力によって完成した本書が、大学院に進学する留学生や日本語教育機関教員の方々の学生指導の一助となれば幸甚です。

　本書の発刊にあたっては、本機構の前理事長であり、筑波大学名誉教授でいらっしゃる北原保雄先生にご監修頂き、大変有益なご示唆を賜りましたことを御礼申し上げます。また、秀明大学の本田和盛先生には、モデルとして作成した研究計画書に関して貴重なご意見を賜りました。本センターにおいては、大学院クラス担当者をはじめとした教員各位、学生の皆さんから貴重なフィードバックを頂きました。最後に、数々のアドバイスと温かい励ましのお言葉をくださった凡人社の渡辺唯広さん、大橋由希さんに心より感謝申し上げます。

2009年2月
日本学生支援機構東京日本語教育センター
執筆者代表　静谷麻美

第2版　はじめに

　本書は、大学院進学を目指す外国人留学生を対象に、研究計画書の作成に必要な「情報収集・処理能力」、「課題発見・解決力」、「論理的・分析的思考力」の育成を目的として、10年前に刊行されました。

　このうち、情報収集のストラテジーについては、時間の経過とともに、本書で提示している情報検索ツールや他機関のサイト情報が大きく変化してきており、これらの情報を更新する必要が生じたため、この度の改訂に至りました。

　一方、論理的思考のトレーニング、研究計画書の構成・表現など日本語による論理的な文章の書き方については、「モデルをみて思考プロセス・書き方を分析する」→「一般的な内容で考え方・書き方を練習する」→「自分の研究計画について考える・書く」というステップでタスクを体験することが主眼であり、これらの行動目標の達成こそが本書のコンセプトであるため、初版からほとんど手を加えていません。

　これまで多くの方々に本書の意図するところを共感いただき、外国人留学生の研究計画作成指導にかぎらず、日本の高等教育機関、高等学校等における日本語（国語）の指導においても本書をご活用いただいていることは幸甚の至りです。また、本書で学び、大学院に進学した卒業生から「魚の本で勉強した日本語の表現がとても役立っている」「ゼミで戸惑うことなく研究発表ができた」といった声が寄せられるのは、日本語教育に携わる者として最大の喜びです。

　2018年5月1日現在、外国人留学生総数は29万人を超え（前年比12.0％増）、そのうち5万人超（前年比8.2％増）が日本の大学院に在籍しています（日本学生支援機構留学生調査）。ポスト「留学生30万人計画」の到来を間近に控えた昨今は、ダブルディグリー／ジョイントディグリー・プログラム、ツイニング・プログラム等、より多様な形態での留学生受入れが増進され、AIを始めとする第四次産業革命に直面する日本において高度外国人材のニーズが高まることが見込まれます。このため、日本の大学院において、高い専門性・汎用性を有した外国人留学生を育成することは、今後ますます重要視されるものと考えられます。

　今回の改訂で、情報収集のストラテジーに係る記述をアップデートしたことにより、本書がより使いやすいものとなり、さらに多くの留学生に学んでいただけるよう、また、大学院進学という目標達成はもちろん、その先においても本書で身につけたスキルが役立てられるよう心より願っております。

　今回の改訂にあたっては、日々の授業で本書を使用している東京日本語教育センター教員の意見・提案を改訂担当者がとりまとめ、執筆者代表が確認・加筆修正を行いました。最後になりましたが、国立情報学研究所及び国立国会図書館広報課のご担当者様には貴重なご助言を賜りましたことを御礼申し上げます。

2019年6月
日本学生支援機構
執筆者代表　静谷麻美

この教科書をお使いになる方へ

1．この教科書の目的

　この教科書は、大学院受験の際に重視される「研究計画書」を日本語で書くことを目的としていて、タスクを進めながらワークブックの執筆メモを作成していくと、誰でも無理なく研究計画書が完成できます。ほかの教科書と違って、読んで理解するのではなく、実際にできるようになる（研究計画書が書ける）ことがこの教科書の特徴です。

　この教科書は、日本の大学院への進学を目指す外国人留学生を主な対象としています。日本語能力試験Ｎ２レベルの日本語力があれば、１人で勉強することもできますが、書いたものはその都度、日本語学校の先生や大学院受験経験のある先輩に見てもらい、論理に矛盾がないか、日本語の使い方は適当かなどをチェックしてもらうようにしましょう。

　この教科書で学習することは、以下の３つです。

① 研究課題を決めるために必要な「考え方のトレーニング」を行うとともに、研究計画書の構成や表現など日本語による論理的な文章の書き方を身につける。
② 研究計画のプレゼンテーションのしかた、大学院入試の際の口頭試問での受け答え方など、日本語による口頭表現力を身につける。
③ 専門知識を広げるための論文検索のしかた、指導教員の探し方など、大学院での研究に必要なさまざまな情報を収集するためのテクニックを身につける。

　この教科書の学習期間は、日本語能力や専門知識の深さによって異なりますが、約６か月で学び終えることを想定しています。

2．この教科書の構成
1）全体の構成

　この教科書は、学習内容（上の①〜③）に合わせて、第１部「研究計画書を書こう！」第２部「口頭で説明しよう！」、第３部「情報を収集しよう！」の３部構成になっています。基本的にはこの順番どおりに進めていきますが、第３部 STEP1 は、第１部の前に学習することもできます。

ボンさん（主人公）
サムアツ国出身の留学生。
東京日本語教育センターで日本語を勉強中。
大学院の修士課程で経営学を専攻したいと思っている。

大森チューター
東京日本語教育センターの学生寮でチューターをしている大学院生。
学習のポイントを分かりやすくまとめてくれる。

北田教授
東日大学大学院経営学研究科の先生。
進学相談会で会ったボンさんに優しく厳しいアドバイスをくれる。

池谷先生
東京日本語教育センターの日本語の先生。
ボンさんの研究計画の指導を行い、進学相談にのってくれる。

iii

2）各課の構成
・ステップ

　この教科書の中心になる第１部は、第１課から第５課まであり、各課は以下の「STEP」で構成されています。

　　考える　　　　読む　　　　調べる　　　　書く　　　　表現

　また、STEPの順番は、基本的に次のようになっています。

① ボンさんの研究計画書の例を見る
　　ボンさんの研究計画書の形式・構成、文章に使われている表現などを部分的に取り出して、書き方や思考のプロセスを分析しながら、その課で何ができるようになるのかを具体的に理解します。

② タスクで練習する
　　①で理解したことを一般的な内容で練習します。タスクには共通の問題と、「☆発展」マークのついた発展問題があります。発展問題には言葉の説明がないので、日本語が難しいと感じる人や時間がない人は、後回しにしてもいいです。

③ 執筆メモを書く
　　ワークブックに進み、自分の研究計画について実際に書いてみます。書いたら必ず先生や先輩に見てもらいましょう。

・コラム

　日本語のワード文書やエクセル表の便利な機能、エクセル関数の使い方、図書館の利用法など、知っておくと得をするお役立ち情報が掲載されています。

・まとめ

　各課の終わりには「まとめ」のページがあります。「質問」に答えることにより、その課の学習項目が達成できたかどうかが確認できます。「重要な言葉」は、本文の中で太字になっている言葉で、研究計画書を書いたり、大学院受験のために必要なので覚えましょう。

3．授業での使い方

　本センターでは、初級終了程度のクラスの場合、週８コマ程度（１コマ50分）使用し、４〜５か月で研究計画書の執筆と発表を実施しています。（ただし、発展問題を一部除き、個別指導や学習者の自宅作業も含むものとします。）なお、クラス授業での進め方（工夫や失敗例）の詳細や、補助教材、研究計画書の実例などは日本学生支援機構のホームページ（https://www.jasso.go.jp/）に掲載していますので、ご活用ください。

注）「言葉」について：本文中に英訳のある言葉は、日本語能力試験Ｎ２レベル以上のものを中心に、文章の意味理解の助けとなるよう、多くの場合句で取り上げ、文脈に即した訳し方とした。

目次

はじめに　i
第2版　はじめに　ii
この教科書をお使いになる方へ　iii

 第1部　研究計画書を書こう！

第1課　研究計画書とはどんなものかを知る

STEP1　大学院に進学する目的を考える　4
STEP2　研究計画書を書く目的を考える　6
STEP3　研究計画書の構成を学ぶ　10
STEP4　研究計画書で使う文体を学ぶ　19
STEP5　研究計画書でよく使う表現を学ぶ　25

第2課　研究課題を決める

STEP1　研究課題を考える　34
STEP2　研究課題を絞り込む　50
STEP3　タイトルの書き方を学ぶ　56

第3課　骨組みになる文章を書く

STEP1　研究目的を書く　66
STEP2　研究動機・背景の内容と構成を考える　76
STEP3　研究動機・背景を書く　84
STEP4　研究意義を書く　99

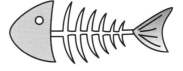

v

第4課　骨組みになる文章に先行研究を引用する

- **STEP1**　骨組みになる文章に必要な根拠を考える　106
- **STEP2**　引用のしかたを学ぶ　111
- **STEP3**　白書・研究論文を検索する　118
- **STEP4**　研究論文を読む　125
- **STEP5**　参考文献リストを作る　146

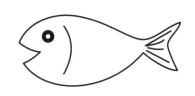

第5課　研究方法を書く

- **STEP1**　どんな研究方法があるかを学ぶ　154
- **STEP2**　研究方法を考える　167

第2部　口頭で説明しよう！

研究計画の内容を口頭で説明する

- **STEP1**　プレゼンテーションの準備をする　178
- **STEP2**　口頭試問の準備をする　185

第3部　情報を収集しよう！

受験や研究計画に関する情報を収集する

- **STEP1**　大学院と指導教員を探す　196
- **STEP2**　指導教員にコンタクトをとる　203

「重要な言葉」リスト　217

別冊付録①ワークブック
別冊付録②解答

第1部 研究計画書を書こう！

第1部では、ワークブックの執筆メモを書き進めていき、研究計画書を完成します。まず、どんな研究をするか、研究課題を考えます。次に、研究計画書の基礎になる「骨組みになる文章」を書き、先行研究を引用して「肉付け」します。最後に、研究方法を策定したら、研究計画書の完成です。

第1課
研究計画書とはどんなものかを知る

STEP 5 研究計画書でよく使う表現を学ぶ

研究計画書で使う文体を学ぶ **STEP 4**

STEP 3 研究計画書の構成を学ぶ

STEP 2 研究計画書を書く目的を考える

STEP 1 大学院に進学する目的を考える

第1課　研究計画書とはどんなものかを知る

STEP 1　大学院に進学する目的を考えましょう

　これから、大学院に入るために**研究計画書**を書くのですが、その前に、どうして大学院に行くのか、大学院で何をするのかについて考えましょう。

　東日大学大学院の進学相談会で、経営学研究科の北田教授は6人の留学生と話しました。そして、北田教授は学生たちに「どうして日本の大学院に入りたいのですか」と聞きました。以下は、学生たちの回答です。＊東日大学：実際には存在しません。

バンさん

私は大学のとき日本語を勉強していました。将来は国の大学で日本語や日本の経営について教えたいです。大学の先生になるためには修士号が必要だし、留学したら日本の会社の経営を直接見られるので、日本の大学院に決めました。

ベンさん

日本の大学は私の国でとても評価が高くて、卒業した人はみんないい会社に就職しています。また、国では修士号がないといい会社に入るのが難しいです。それで、日本の大学院に入りたいです。

北田教授

ビンさん　ボンさん

将来、親の会社を継ぐことになっています。日本は経済が発展しているので、経営の知識を身につけるためには一番いい国だと思います。それで、日本の大学院に進学しようと思っています。

ロシアに語学留学していたとき、日本のトヨタの車がとても人気があるので驚きました。私の国もロシアに自動車を輸出しているのに、どうして売れていないのか不思議でした。大学院でその答えを見つけるために日本へ来ました。

ブンさん

ドンさん

子供の頃から日本が好きで、将来日本で就職したいと思っています。大学院に行けば、インターンのチャンスがあると聞きました。インターンの経験があれば、日本の会社に就職しやすいと思うので、大学院に進学したいです。

日本は技術が発達していて、有名な研究者も多いです。私は日本で最先端の経営情報学を勉強して、将来は国の発展のために貢献したいです。それで、日本の大学院に進学したいと思っています。

STEP1 | 大学院に進学する目的を考えましょう

大学院への進学目的

問題1 もし、自分が先生ならどの学生を受け入れたいですか。[　　　　]
それはどうしてですか。

_____

_____

_____

問題2 その他の学生を受け入れたくない理由は何ですか。

_____

_____

_____

_____

_____

_____

大森チューター

> 大学院は「もっと知識を身につけるため」とか「大学の次の学校だから」という理由で行くところではありません。大学院とは、「ある問題の原因を解明したい」、「あるシステムを改良したい」、「より効果的な方法を考案したい」という**研究課題**を持った人が、その課題に対する答えを見つけるため、研究に行くところです。そして、大学院での最終目標は、研究の成果を論文にまとめて発表することです。(第3部コラム p.206〜211に論文の例があるので参考にしてください。)

第1部　第1課　研究計画書とはどんなものかを知る

第1課 研究計画書とはどんなものかを知る

 研究計画書を書く目的を考えましょう

　ほとんどの大学院では、出願のときに研究計画書が必要です。では、何のために研究計画書を書くのか、考えましょう。

　東日大学大学院の進学相談会で、経営学研究科の北田教授はボンさんに次のような質問をしました。絵を見て、ボンさんが答えた内容を考え、文章にしてください。先生の質問に合うように書いてください。
＊サムアツ国、ハレハレ自動車：実際には存在しません。

研究計画書を書く目的

例）①はい、私は2002年から1年間、ロシアのサンクトペテルブルグに留学していました。

②そのとき、道で見る車はロシアの車が多くて、外国の車はあまりありませんでした。

③でも、外国の車の中ではトヨタがとても人気があって、びっくりしました。それに対して、私の国サムアツのハレハレ自動車は全然人気がありませんでした。

④どうして日本のトヨタの車が人気があるのか、そして、どうしてハレハレの車は人気がないのか、大学院でその答えを見つけるために、日本へ来ました。

STEP2 | 研究計画書を書く目的を考えましょう

問題 1

ロシアは最近大きく変わってきていますよ。ボンさんがいたときと変わっていることも多いと思いますが、最近のロシアのことについては分かりますか。

①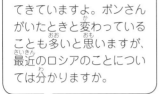
②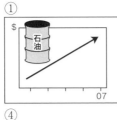
③
④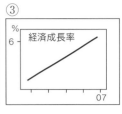
⑤

第1部　第1課　研究計画書とはどんなものかを知る

問題 2

ちゃんと勉強していますね。ロシアのトヨタについてはどんなことを知っていますか。

①
②
③
④

第1課 研究計画書とはどんなものかを知る

問題 3

研究方法はどんなことを考えていますか。

①
②  ハレハレロシア 知人
③  ハレハレロシア
④
⑤

おもしろそうね。ぜひ今話したことを研究計画書にまとめてみなさい。 ありがとうございます。

ところで、研究の観点については、どんなことを考えていますか。 えっ…観点？観点はまだ考えていません…。

じゃ、自分のこれまでの経験をもとにしたり、先行研究を参考にしたりして、具体的に考えてみてください。 分かりました。研究の観点をよく考えて、今お話ししたことを研究計画書に書いてみます。

8

STEP2｜研究計画書を書く目的を考えましょう

大森チューター

研究計画書とは、大学院にいる間に何についてどこまで答えを探すか、つまり、大学院での研究課題を具体的に示したものです。また、どうしてその研究がしたいのか、どうやって研究を進めるのかを大学院の先生に伝えるために書くものです。

北田教授

研究計画書を見れば、大学院で研究を行う能力があるかどうかが分かります。
研究計画書を見るときのポイントは、
◎ 研究に対する意欲
◎ 課題を発見する力
◎ 物事を分析する力
◎ 論理的に考える力
◎ 専門に関する知識

があるかどうかです。

研究計画書の書式や字数は大学院や研究科によって違いますが、一般的に 2,000 字程度の場合が多いです。短いものでは 500 字、長いものでは 4,000〜6,000 字、さらには、8,000〜10,000 字に指定されることもありますが、もとの文章の**骨組み（＝アウトライン）**がしっかりしていれば、字数に合わせて調整することができます。

第1部
第1課 研究計画書とはどんなものかを知る

第1課 研究計画書とはどんなものかを知る

 研究計画書の構成を学びましょう

では、研究計画書とはどんなものか、その**構成**について見てみましょう。

以下は、経営学研究科を志望しているボンさんが書いた研究計画書です。これを読んで、後の問題に答えてください。

ハレハレ自動車のロシア現地工場における
部門間のコミュニケーションに関する研究
－トヨタ自動車との比較をもとに－

ボン・ジーン

研究動機・背景

L1　ここ数年、石油価格の高騰により景気が低迷する中、産油国であるロシアの経済成長
L2　率は6％を超え、個人消費も拡大している。特に、高額な外国車の売れ行きが好調で、「ロ
L3　シアの乗用車市場では外国車のシェアが急拡大しており、2006年には、輸入車・現地生
L4　産車を合わせた外国ブランドのシェアが半分までを占めるようになった」(三菱UFJリ
L5　サーチ＆コンサルティング調査部, 2007) ということである。
L6　　中でも、日本のトヨタ自動車は、2001年にロシアに輸入販売会社を設立した後、2003
L7　年には新車販売台数が外国車として初めて第1位になっている。さらに、2005年にサン
L8　クトペテルブルグに生産能力5万台の現地工場の建設を開始、2007年には日本の自動車
L9　会社としては初のロシア現地生産がスタートし、成功を収めつつあると言える。

【言葉】現地工場：a domestic factory　　部門間のコミュニケーション：interdivisional communication　　比較：comparison　　ここ数年：over the past several years　　石油価格の高騰：a jump in crude oil prices　　景気が低迷する：economies slide　　産油国：oil-producing country　　経済成長率：economic growth rate　　6％を超え、：(it) tops 6％, and　　個人消費も拡大している：consumer spending is also booming　　高額な：high-priced　　売れ行きが好調で、：sales are strong, and　　乗用車市場：car market　　シェアが急拡大しており、：(its) share is rapidly expanding, and　　輸入車・現地生産車を合わせた：the combined (share) of imported and locally manufactured cars　　外国ブランド：foreign brands　　半分までを占める：(it) accounts for fully half　　輸入販売会社を設立した：(it) established an import-sales subsidiary　　新車販売台数：unit sales of a new car　　さらに：furthermore　　生産能力：production capacity　　建設を開始（し）、：(it) breaks ground, and　　現地生産がスタートし、：local production has begun, and　　成功を収めつつある：(it) is on the way to success

10

一方、母国サムアツのハレハレ自動車は、2003年にロシアでの輸入販売を開始したが、販売実績は日本やアメリカの自動車会社ほどではない。2009年に現地工場での製造が開始することを考えると、販売競争に勝つための方策が必要である。ハレハレ自動車がトヨタのように成功を収めるにはどうすべきであろうか。

　企業が自社の経営方式を海外に移転する場合、企業文化の相違は大きな課題となるであろう。私は大学時代にサムアツにあるおもちゃ会社、トイ・クモリンの生産ラインで働いた経験があるが、部品調達部門とのコミュニケーションがうまくいっていなかったため、部品の納品が遅れたり、部品に欠陥があったときすぐに対応できず、ラインが止まってしまうという問題があった。異なる企業文化が共存する海外現地工場においては、部門間のコミュニケーションがさらに重要になると考えられる。

　平賀（2006）は、トヨタ式経営は日本国内の企業に導入する場合でも成功率は高くなく、まして発想や文化も異なる海外への移転は困難をともなうと述べたうえで、「その海外において立ち上がった工場が確実に品質・原価・生産量の計画を達成していることはトヨタ式移転モードが有効に機能していることを示している」と結論づけている。

【言葉】一方：meanwhile　母国：(my) native country　輸入販売を開始した：(it) began importing and selling　販売実績：sales performance　現地工場：a domestic factory　製造が開始する：(it) will begin to manufacture　販売競争：market competition　方策：strategy　成功を収める：to succeed　企業：a large company, corporation　自社の経営方式：their own company's business practices　海外に移転する：to move overseas　企業文化の相違：differences in corporate culture　課題となる：to become an issue　生産ライン：production line　部品調達部門：component supply division　コミュニケーションがうまくいっていなかった：communication does not occur smoothly　納品：supply orders　欠陥：a defect　対応できず、：(they) cannot keep up, and　異なる：different　共存する：to coexist　海外現地工場：overseas factories　部門間：interdivisional　さらに重要になる：(it) becomes all the more important　トヨタ式経営：Toyota's management style　国内：domestic　導入する：to introduce　成功率：success rate　まして：all the more　発想：ways of thinking　困難をともなう：(it) comes with difficulty　述べた：(he) stated　立ち上がった工場：factories built　確実に：certainly　品質：quality　原価：cost　生産量：production (quantity)　計画を達成している：(they) are meeting goals　トヨタ式移転モード：Toyota's mode of relocating　有効に機能している：(it) is functioning effectively　示している：(it) indicates　結論づけている：(he) concludes

第1課 研究計画書とはどんなものかを知る

L24　また、平賀（2005）はトヨタの豪州への経営移転について具体的に報告しており、そ

L25　の中で、「会社のパフォーマンスを引き上げるには調達・生産・販売計画を決定する部

L26　門間調整会議が不可欠」であるとし、トヨタの経営移転の特徴として、社内会議体の構

L27　築やコーディネーター制を挙げている。

L28　したがって、ハレハレ自動車がロシアの企業文化を尊重しながら、自国の経営方式を

L29　移転するためには、異文化に属する従業員同士の部門間コミュニケーションが非常に重

L30　要であると言えよう。その際、海外への経営移転において成功を収めているトヨタの経

L31　験は大変参考になると思われる。

研究目的

L32　そこで、本研究では、トヨタのロシアにおける経営移転について社内会議体の構築お

L33　よびコーディネーター制の点から整理したうえで、ハレハレ自動車のサンクトペテルブ

L34　ルグ工場における部門間のコミュニケーションについて調査し、それが経営活動や業績

L35　に与える影響を明らかにすることを目的とする。

研究意義

L36　本研究により、ハレハレ自動車がロシアへの経営移転を成功させ、現地事業における

L37　競争に打ち勝つための参考になればと思う。

【言葉】豪州：Australia　経営移転：moving a business overseas　具体的に報告しており、：(he) reports specifically, and　パフォーマンスを引き上げる：to raise performance　調達・生産・販売計画を決定する：to set supply, production, and marketing plans　部門間調整会議が不可欠である：interdivisional meetings are essential　特徴：a notable feature　社内会議体の構築：the creation of (its) internal meeting system　コーディネーター制：coordinator system　（例として）挙げている：(he) raises (as an example)　したがって：as such　企業文化を尊重しながら、：while respecting corporate culture,　自国：(my) own country　経営方式を移転する：to relocate business practices　異文化に属する：to belong to a different culture　従業員同士の部門間コミュニケーション：interdivisional communication between employees　非常に重要である：(it) is extremely crucial　その際：accordingly　海外：foreign countries　成功を収めている：is succeeding　参考になる：to be of use in understanding　そこで：for these reasons　本研究：(in) this study　整理した：(I) have sorted out　調査し、：(I) will examine, and　経営活動：management　業績：productivity　与える影響：the effects produced　明らかにする：to clarify　成功させ、：(it) makes successful, and　現地事業：local business　競争に打ち勝つ：to get ahead of the competition　参考になればと思う：(I) believe (this research) will provide useful knowledge

研究方法

1. 文献調査

L38　オープンデータ、社史などトヨタ自動車に関する資料を収集し、トヨタ経営方式のロ
L39　シアへの経営移転について、社内会議体の構築およびコーディネーター制の点から整理
L40　し、部門間コミュニケーションのあり方について考察する。

2. 参与観察

L41　ハレハレ自動車サンクトペテルブルグ工場における部門間の異文化コミュニケーショ
L42　ンの実態を把握するため、1でまとめたトヨタのロシアにおける経営移転の特徴と比較
L43　しながら、参与観察を行う。モスクワのハレハレ自動車輸入販売会社に知人がおり、許
L44　可が得られたことから、工場内での調査が可能である。調査の実施時期など詳細につい
L45　ては工場が稼動した後に担当者と調整する予定である。

3. ヒアリング調査

L46　参与観察の分析結果を補足するため、ヒアリング調査を行う。形式はデップス・イン
L47　タビューとし、参与観察で問題になった点について、対象者の意識を把握することを目
L48　的として行う。
L49　　1～3の調査結果をもとに、ハレハレ自動車のサンクトペテルブルグ工場における部
L50　門間のコミュニケーションと、経営活動および業績との関係について分析を行う。

【言葉】文献調査：survey of existing research　　オープンデータ：open data　　社史：company history　資料を収集し、：(I) will gather data, and　　経営方式：business practices　　経営移転：moving a business overseas　　社内会議体の構築：the creation of (its) internal meeting system　　および：and　　コーディネーター制：coordinator system　　整理し、：(I) will sort out, and　　部門間コミュニケーションのあり方：the present state of interdivisional communication　　考察する：to consider　　参与観察：on-site observation　異文化コミュニケーション intercultural communication　　実態を把握する：to understand the present condition　　まとめた：the (insights) gathered　　特徴と比較しながら、：while comparing with the notable features (of)　　販売：sales　　知人：an acquaintance　　許可が得られた：(I) received permission (to)　　調査が可能である：a study is possible　　実施時期：(the exact) dates (of the observation)　　詳細：details　稼動した：(it) operated　　担当者と調整する：to arrange with (my) contacts　　ヒアリング調査：interview based study　　分析結果を補足する：to supplement the results of (my) analysis　　形式：format　　デップス・インタビュー：in-depth interview　　対象者：(research) subjects　　意識を把握する：to understand the thinking (of)　　経営活動：management　　業績：productivity　　分析：analysis

> **参考文献**
>
> 高橋俊一（2008）「多国籍企業内部の国際間知識移転における現地利害関係者管理の戦略的重要性に関する研究 －異文化マネジメントの視点から－」『立教経済学研究』第61巻, 第3号, pp.145-170
>
> ティモシー・D・キーリー（2004）「異文化交渉に関する枠組み」『経営学論集』第15巻, 第2号, pp.1-14
>
> 平賀英一（2005）「1980年代のトヨタの豪州経営：組織外部性維持の経営が与えた教訓」『東海学園大学研究紀要　経営・経済学研究編』第10号シリーズA, pp.91-111
>
> 平賀英一（2006）「トヨタの海外移転モード」『東海学園大学研究紀要　経営・経済学研究編』第11号, pp.59-75
>
> 三菱UFJリサーチ＆コンサルティング調査部（2007）「『ポスト・プーチン』のロシア経済－『双子の黒字』と『一つの基金』が支えるロシア経済の高成長は続くか－」三菱UFJリサーチ＆コンサルティング（http://www.murc.jp/）（2008年6月1日取得）

＊この研究計画書は2005年に実際に留学生が書いたものをもとに書き下ろしたものです。

研究計画書の見出し

問題1 ボンさんの研究計画書の中で、ゴシック体（太い字）で書いてある言葉を順に抜き出して書いてください。ただし、タイトルは除きます。

A　例）研究動機・背景　　B _____　　C _____

D _____　　E _____

大森チューター： 上のA～Eは研究計画書を構成するために必要な項目です。それぞれの**構成項目**には書くべき内容が決まっています。どの構成項目にどんな内容の文を書くのか、次の問題2で考えましょう。

見出しの具体的な内容

問題2 次の①～⑦は、ボンさんの研究計画書に出てくる文をもとにしたものです。それぞれの文はどの構成項目（問題1のA～E）に入っていますか。もう1度研究計画書を見ながら、[ ]にA～Eの記号を書いてください。

① [ ] 参与観察の分析結果を補足するため、ヒアリング調査を行う。
② [ ] 母国サムアツのハレハレ自動車は、2003年にロシアでの輸入販売を開始したが、販売実績は日本やアメリカの自動車会社ほどではない。
③ [ ] ここ数年、石油価格が高騰する中、産油国であるロシアの経済成長率は6％を超え、個人消費も拡大している。
④ [ ] 本研究では、トヨタのロシアにおける経営移転を整理したうえで、ハレハレ自動車のサンクトペテルブルグ工場における部門間のコミュニケーションについて調査し、それが経営活動や業績に与える影響を明らかにする。
⑤ [ ] 平賀英一（2006）「トヨタの海外移転モード」『東海学園大学研究紀要　経営・経済学研究編』第11号，pp.59-75
⑥ [ ] ハレハレ自動車がロシアの企業文化を尊重しながら、自国の経営方式を移転するためには、異文化に属する従業員同士の部門間コミュニケーションが非常に重要であると言えよう。
⑦ [ ] 本研究により、ハレハレ自動車がロシアへの経営移転を成功させ、現地事業における競争に打ち勝つための参考になればと思う。

問題3 次の①～⑦は問題1のA～Eの項目のうち、どの内容を示していますか。[ ]に記号を書いてください。

① 研究の具体的な進め方　　　　　　　[ ]
② 研究対象についての情報　　　　　　[ ]
③ 研究を将来どう役立てるか　　　　　[ ]
④ 研究を通して知りたいこと　　　　　[ ]
⑤ 研究の観点を決めた理由　　　　　　[ ]
⑥ 国や世界の事情　　　　　　　　　　[ ]
⑦ 研究計画書を書くために読んだ本や論文　[ ]

第1課 研究計画書とはどんなものかを知る

大森チューター

研究計画書の主な構成項目と、各項目に書くべき内容は以下のとおりです。
◉ **研究動機・背景**（どうして自分の研究が必要か）
◉ **研究目的**（大学院での自分の研究のゴールはどこか）
◉ **研究意義**（自分の研究は何のために役立つか）
◉ **研究方法**（どうやって自分の研究目的を達成するか）
◉ **参考文献**（研究計画書を書くために参考にした資料）

　研究計画書の構成項目の中でも、「研究動機・背景」、「研究目的」、「研究意義」の3つは研究計画書の基礎を作る「**骨組み（アウトライン）になる項目**」として重要です。ここでは、研究計画書を魚（＝研究計画魚）に例えて、「骨組みになる項目」がどうして重要か考えましょう。

　「研究計画魚」の骨組みになるのは、「頭」「背骨」「しっぽ」です。
　「頭」は一番大切な「研究目的」、「背骨」は頭を支える「研究動機・背景」、「しっぽ」は目的を達成した後に期待できる「意義」です。
　骨組みのバランスがよければ、「研究計画魚」もきちんとした形の魚になります。骨組みのバランスがいいというのは、「頭」の中身に書いたことの理由を、すべて「背骨」で説明している状態です（図1）。反対に、「頭」の中身より「背骨」が少なかったり（図2）、「頭」の中身より「背骨」が多かったりする（図3）と、形のおかしい魚になってしまいます。

16

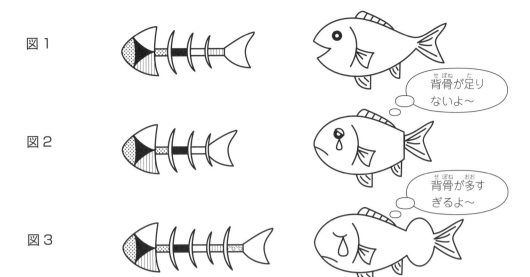

研究計画書の論理性

問題4 次の「研究計画魚」の骨組みの問題点は何ですか。右の説明の文（a～f）から選んでください。

① 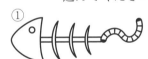　　a 「研究動機・背景」の中に「研究目的」の文が入っている。

② 　　b 「研究動機・背景」の文章が、ほかの人が書いたもののコピーである。

③ 　　c 「研究意義」が「研究目的」を達成して得られるはずのものと違う。

④ 　　d 文のつながりが悪かったり、同じことを繰り返し書いたりしている。

⑤ 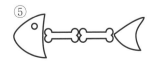　　e 「研究意義」が「研究目的」を達成して得られるはずのものより大きすぎる。

⑥ 　　f 「研究目的」と「研究意義」に同じことが書いてある。

第1課 研究計画書とはどんなものかを知る

大森チューター

論理性のある研究計画書を書くためには、骨組みになる項目のバランスを整えることが大切です。次のことに注意しましょう。
◉ 「目的」に書いたことは、必ず「動機・背景」で理由を説明する
◉ 「目的」と「意義」がつながっている

骨組みになる項目に書く内容

問題 5 次の①〜⑥は、建築学系の研究計画書の骨組みになる文章です。それぞれの文は、頭・背骨・しっぽのどの部分になりますか。□ と魚の部分を線で結んでください。

＊タタバンチュ国：実際には存在しません。

⑥タタバンチュの地質に合った耐震技術について、日本を参考にして研究します。

⑤日本とタタバンチュは地質が違うので、同じ耐震技術を使うことはできません。

①わたしの国、タタバンチュで2007年に大地震が起きて、多くの建物が壊れました。

研究目的　研究動機・背景　研究意義

④地震が起きても、建物に大きな被害が出なくなります。

②建物がすぐに壊れてしまうのは、耐震技術が進んでいないからです。

③日本は地震が多いですが、建物の耐震技術が進んでいます。

【言葉】大地震：massive earthquake　　多くの：many　　耐震技術：earthquake-resistant engineering
被害が出なくなります：damage is not sustained　　地質：geology　　参考にして：to refer (to)

大森チューター

研究計画書はまず構成をよく考えて、しっかりとした骨組みを作ってから書き始める必要があります。研究計画書のもとになる「骨組みになる文章」の書き方は第3課で詳しく学びます。

18

STEP 4 表現 研究計画書で使う文体を学びましょう

研究計画書の文章の書き方にはどんな特徴があるでしょうか。ボンさんの研究計画書を見て考えましょう。

である体

問題1 次の①〜⑨は、ボンさんの研究計画書に出てくる文をもとにしたものの終わりの部分です。例のように、研究計画書で使われる形にして＿＿＿＿に書いてください。分からないときはボンさんの研究計画書を見て、書いてください。

例) 個人消費も ＿拡大している＿ 。 ← 拡大しています。(L2)

① 「…占めるようになった」という＿＿＿＿＿＿＿＿＿＿。 ← ことです。(L5)
② 成功を収めつつあると＿＿＿＿＿＿＿＿＿＿。 ← 言えます。(L9)
③ 日本やアメリカの自動車会社ほどでは＿＿＿＿＿＿＿。 ← ありません。(L11)
④ 競争に勝つための方策が必要＿＿＿＿＿＿＿＿。 ← です。(L12)
⑤ どうすべき＿＿＿＿＿＿＿＿＿＿。 ← でしょうか。(L13)
⑥ 大きな課題となる＿＿＿＿＿＿＿＿＿＿。 ← でしょう。(L14〜L15)
⑦ 問題が＿＿＿＿＿＿＿＿＿＿。 ← ありました。(L18)
⑧ 担当者と調整する予定＿＿＿＿＿＿＿＿。 ← です。(L45)
⑨ 対象者の意識を把握することを目的として＿＿＿＿＿＿＿。 ← 行います。(L48)

問題2 次の①〜③はそれぞれどんなときに使いますか。下のa〜kから選んで、表に記号を書いてください。

	書く	話す
①です・ます体		
②ふつう体		
③である体		

a 新聞、 b 日記、 c スピーチ、 d 小さな子供向けの物語、
e 初対面の人との会話、 f 先生への手紙やEメール、 g 先生との会話、
h 友達への手紙やEメール、 i 友達との会話、 j 家族との会話、 k 論文

第1課 研究計画書とはどんなものかを知る

「である体」の基本的な文末表現

	です・ます体	ふつう体	である体
名詞 ナ形容詞	問題です 問題ではありません 問題でした 問題ではありませんでした	問題だ 問題ではない 問題だった 問題ではなかった	問題である 問題ではない 問題であった 問題ではなかった
イ形容詞	難しいです 難しくありません 難しかったです 難しくありませんでした	難しい 難しくない 難しかった 難しくなかった	難しい~~である~~ 難しくない 難しかった 難しくなかった
動詞	行います 行いません 行いました 行いませんでした	行う 行わない 行った 行わなかった	行う~~である~~ 行わない 行った 行わなかった

「である体」のいろいろな文末表現

です・ます体	ふつう体	である体
必要なのです	必要なのだ	必要なのである
困難でしょう	困難だろう	困難であろう
必要になるでしょう	必要になるだろう	必要になるであろう
分析しましょう	分析しよう	分析しよう
開発しなければなりません	開発しなければならない 開発せねばならない	開発しなければならない 開発せねばならない
原因なのではありませんか	原因なのではないか	原因なのではないか
要因なのではないでしょうか	要因なのではないだろうか 要因なのではなかろうか	要因なのではないだろうか ~~要因なのではないであろうか~~ 要因なのではなかろうか
進めてください	進めてほしい 進めてもらいたい	進めてほしい 進めてもらいたい

20

| 問題 3 | 次の①～⑩の文の＿＿を「である体」にして [　　] に書いてください。

① 田中（2008）は次のように述べています。
[　　　　　　　　　　]

② Aは当時大きな社会問題になっていました。
[　　　　　　　　　　]

③ Bのメカニズムを早急に解明するべきです。
[　　　　　　　　　　]

④ Cの解決に向けて提言を行いたいです。
[　　　　　　　　　　　]

⑤ Dについて検討しなければなりません。
[　　　　　　　　　　]

⑥ Eの判断は正しいのでしょうか。
[　　　　　　　　　　　]

⑦ FとGを別の問題として考えることが重要なのです。
[　　　　　　　　　　　　]

⑧ 政府レベルでI政策に取り組んでください。
[　　　　　　　　　　]

⑨ 日本の経験はH国にとって参考になるのではないでしょうか。
[　　　　　　　　　　　　　]

⑩ これは日本だけでなく、アジア全体の課題と言えるでしょう。
[　　　　　　　　　　]

大森チューター

研究計画書で使う文体を「**である体**」と言います。ただし、実際に「である」の形になるのは名詞とナ形容詞だけです。
では、「である体」の文章では、文と文をつなげて1つの文にするとき、どんな特徴があるでしょうか。次の問題4で考えましょう。

第1課 研究計画書とはどんなものかを知る

である体の文の接続

問題4 次の①〜⑥はボンさんの研究計画書に出てくる文をもとにしたものです。[ ] をヒントに、文と文が接続している部分の形を書いてください。分からないときはボンさんの研究計画書を見て、書いてください。

例）産油国であるロシアの経済成長率は6％を＿超え＿、個人消費も拡大している。(L2)　　　　　　　　　　　　　　　　　　　　[超えて、]

① 2007年には日本の自動車会社としては初のロシア現地生産が＿＿＿＿＿＿＿＿＿＿＿、成功を収めつつあると言える。(L9)　　　　　　　　　　　　　　　　　　　[スタートして、]

② 2003年にロシアでの輸入販売を＿＿＿＿＿＿＿＿＿＿＿＿＿＿＿、販売実績は日本やアメリ
　　　　　　　　　　　　　　　　[開始しました。しかし、]
カの自動車会社ほどではない。(L10)

③ 部品調達部門とのコミュニケーションが＿＿＿＿＿＿＿＿＿＿＿＿＿＿＿＿＿＿＿＿＿、
　　　　　　　　　　　　　　　　　　　　[うまくいっていませんでした。だから、]

部品の納品が遅れたり、部品に欠陥があったときすぐに＿＿＿＿＿＿＿＿＿＿＿＿＿＿、
　　　　　　　　　　　　　　　　　　　　　　　　　　[対応できなくて、]
ラインが止まってしまうという問題があった。(L16〜17)

④ トヨタ式経営は日本国内の企業に導入する場合でも成功率は＿＿＿＿＿＿＿＿＿＿＿＿、
　　　　　　　　　　　　　　　　　　　　　　　　　　　　　[高くなくて、]
まして発想や文化も異なる海外への移転は困難をともなう。(L20)

⑤ 平賀（2005）はトヨタの豪州への経営移転について具体的に＿＿＿＿＿＿＿＿＿＿＿＿、
　　　　　　　　　　　　　　　　　　　　　　　　　　　　　[報告していて、]
その中で、…。(L24)

⑥ モスクワのハレハレ自動車輸入販売会社に知人が＿＿＿＿＿＿＿＿＿＿、許可が得ら
　　　　　　　　　　　　　　　　　　　　　　　　　[いて、]
れたことから、工場内での調査が可能である。(L43)

22

「である体」の接続表現

	である体		である体
書いて、…	書き、…	頼らないで	頼らずに
		検討しないで	検討せずに
なくて、…	なく、…	できなくて、…	できず、…
		公開しなくて、…	公開せず、…
高くて、…	高く、…	発表していなくて、…	発表しておらず、…
／高いし…			
問題で、…	問題であり、…	重要です。しかし、…	重要であるが、…
／問題だし…			
いて、…	おり、…	重要です。そして、…	重要であり、…
述べていて、…	述べており、…	重要です。だから、…	重要であるため、…

問題5 次の①〜⑦の文を「である体」にして書いてください。文が2つ以上あるときは1つの文にしてください。

① A社は海外に工場を作って、生産をしています。

---

② 酸性雨はヨーロッパでは「緑のペスト」と呼ばれています。年々、被害が拡大しています。

---

③ 魚が死んで、森林が枯れるのは酸性雨が原因なのです。早急な対応策が必要です。

---

④ Bを解決しないでC国の経済を安定させるのは不可能です。

---

⑤ 日本では少子化が進んでいます。そして、高齢者が増えているということです。

第1課 研究計画書とはどんなものかを知る

⑥　政府は増税を検討中です。しかし、賛成する国民は少ないです。法案の可決は難しいです。

------

⑦　Dについては1950年代に行った調査結果があります。しかし、Eは対象にしていなくて、60年も経過しています。だから、再調査する必要があります。

大森チューター

「である」で終わる文は、それに合わせて文の接続も形が変わります。

STEP 5 表現 研究計画書でよく使う表現を学びましょう

研究計画書にはどんな表現がよく使われているでしょうか。ボンさんの研究計画書を見て考えましょう。

問題 1 次の①と②はボンさんの研究計画書に出てくる文をもとにしたものです。[ ]をヒントに、文の中で使われている表現を書いてください。分からないときはボンさんの研究計画書を見て書いてください。

例) 異なる企業文化が共存する海外現地工場＿＿＿において＿＿＿は、部門間のコミュニ
　　　　　　　　　　　　　　　　　　　　　　　[で]
ケーションがさらに重要になると考えられる。(L18)

① 海外への経営移転＿＿＿＿＿＿＿＿＿＿＿＿＿成功を収めているトヨタの経験は
　　　　　　　　　　　[分野／領域の中で]
大変参考になると思われる。(L30)

② 本研究＿＿＿＿＿＿＿＿＿＿＿、ハレハレ自動車がロシアへの経営移転を成功さ
　　　　　　　[が きっかけで]
せ、現地事業における競争に打ち勝つための参考になればと思う。(L36)

大森チューター：問題1で挙げた以外にも、研究計画書を書くために必要な表現がいくつかあります。次にまとめたので、例文を読んで、使い方をしっかりと理解しましょう。

第1部　第1課　研究計画書とはどんなものかを知る

25

第1課 研究計画書とはどんなものかを知る

研究計画書でよく使う表現

1. ～によって ／ ～により

【形】[N] によって～／[N] により～
【意味a】[N] が原因／きっかけで～結果になった／なっている
【意味b】[N] の方法で／[N] を使って～できるようになる／なった
【意味c】[N＝人／企業／国] が ～を 開発した／指摘している／提唱している

(例文) 次の①～④の文の「～によって／～により」はa～cの中のどの意味ですか。[　　]
に記号を書いてください。

① 石油やガソリンの燃焼によって CO_2 が発生する。[　　]
② 大気中の CO_2 の増加により、地球温暖化が進行している。[　　]
③ 自動車のエンジンはガソリンの燃焼によって動く。[　　]
④ アメーダーはハレハレ自動車によって開発された低排出ガスの自動車である。[　　]

【言葉】石油やガソリンの燃焼：the burning of petroleum and gasoline　　CO_2 が発生する：CO_2 is generated
大気：(the earth's) atmosphere　　増加：increase　　地球温暖化が進行している：global warming is advancing
エンジン：engine　　開発された：developed　　低排出ガス：low-emission gasoline

練習 ☆発展 「～によって／～により」を使って、文を完成してください。

① 地震後に発生した＿＿＿＿＿＿＿＿＿＿＿＿＿＿＿＿、被害は拡大した。

② 本研究のデータは＿＿＿＿＿＿＿＿＿＿＿＿＿＿＿収集する。

2. ～において

【形】[N] において～
【意味a】[N＝場所] で～
【意味b】[N＝時] に～
【意味c】[N＝分野／領域] の中で～

26

例文　次の①～③の文の「～において」はa～cの中のどの意味ですか。[　]に記号を書いてください。

① サムアツ国においてアメーダーへの人気が高まっている。[　]
② 現代において地球温暖化は深刻な問題である。[　]
③ 自動車の開発において排出ガスの削減は重要な課題である。[　]

【言葉】人気が高まっている：popularity is increasing　　開発：development　　排出ガスの削減：the reduction of emission-heavy gasoline　　重要な課題：crucial issue　　現代：the present　　地球温暖化：global warming　　深刻な：serious

練習☆発展　「～において」を使って、文を完成してください。

① 1989年11月9日、＿＿＿＿＿＿＿＿＿＿＿＿＿＿＿＿＿＿が崩壊し、東西が統一された。

② 日本に住む外国人100人にアンケート調査を行った結果、＿＿＿＿＿＿＿＿＿＿＿＿＿＿＿最も理解できないのは「お歳暮・お中元」、次に「遠慮・謙遜」、続いて「正座」であった。

3. ～に対して　／　～に対し

【形】[N]に対して～／[N]に対し～
【意味】[N＝対象／相手]に　調査を行う／提言する／対応する

例文
① 近年、地球温暖化問題に対してさまざまな対策が取られている。
② アメーダーを購入したハレハレ自動車の顧客350名に対し、環境に対してどのような意識を持っているかアンケート調査を行った。

【言葉】近年：recently　　さまざまな対策が取られている：various measures are being taken　　購入した：purchased　　顧客：customer　　環境：the environment　　意識：consciousness　　アンケート調査：a survey

練習☆発展　「～に対して」を使って、文を完成してください。

① 本研究の目的は、今後ロシアの自動車市場に＿＿＿＿＿＿＿＿＿＿＿＿＿＿、提言を行うことである。

② 今回の実験により、サムアツ原子力発電所は、今後発生すると言われている＿＿＿＿＿＿＿＿＿＿＿＿＿＿＿＿＿＿＿＿＿も、十分な安全性があることが確認された。

第1課 研究計画書とはどんなものかを知る

4. ～に とって

【形】[N] にとって～
【意味】ほかは別として [N＝人／組織] の立場から見ると 重要だ／困難だ／
不可欠だ／課題だ など評価を表す言葉

例文
① 車を運転する人にとって、ガソリンの値上げは深刻な問題である。
② 石油は現代人の生活にとって不可欠である。

【言葉】値上げ：a price increase　　深刻な：serious　　石油：oil　　現代人：people today　　不可欠である：
(it) is essential

練習 ☆発展　「～にとって」を使って、文を完成してください。

① 日本企業で＿＿＿＿＿＿＿＿＿＿＿＿＿＿＿＿、異文化コミュニケーションに

よって生じる誤解は大きな問題となる。

② 少子化により入学者数が減少し続けている日本においては、外国からの優秀な人材を

確保できるかどうかが＿＿＿＿＿＿＿＿＿＿＿＿＿大きな課題となっている。

5. ～に 関して

【形】[N] に関して～
【意味】[N＝テーマ／問題] について 研究する／考える／調べる／データを収
集する

例文
① ガソリンに代わるエネルギーに関して研究が進められている。
② サムアツ国の自動車メーカー5社に対し、レアメタルの使用量に関して調査を行った。

【言葉】ガソリンに代わるエネルギー：energy alternatives to gasoline　　メーカー：maker　　レアメタルの
使用量：rare metal usage　　調査：a study

28

練習 ☆発展 「～に関して」を使って、文を完成してください。

① サムサム大学生物学研究所では、万能細胞＿＿＿＿＿＿＿＿＿＿＿＿＿＿＿＿＿＿＿＿。

② アツアツ大学に在学する学生を対象に図書館の＿＿＿＿＿＿＿＿＿＿＿＿＿＿＿＿＿＿

結果、「週に5日以上」という回答が全体の7割を占めた。

6. ～として

【形】[N] として～
【意味】[N＝立場／資格／利用目的] で～

例文
① ガソリンに代わるエネルギーとして、水素に注目が集まっている。
② ハレハレ自動車が開発したアメーダーは、低排出ガス車としてだけでなく、レアメタル使用量が少ない車としても注目されている。

【言葉】ガソリンに代わるエネルギー：energy alternatives to gasoline　　水素：hydrogen　　注目：attention
開発した：developed　　低排出ガス車：low-emission vehicles　　レアメタル使用量：rare metal usage

練習 ☆発展 「～として」を使って、文を完成してください。

① アンケートの＿＿＿＿＿＿＿＿＿＿＿＿＿＿は、ハレハレ自動車サンクトペテルブルグ工場で働くサムアツ人従業員とロシア人従業員を考えている。

② ドイツは＿＿＿＿＿＿＿＿＿＿＿＿＿＿＿知られており、国民は生活の中でさまざまな取り組みをしている。

第1課 研究計画書とはどんなものかを知る

問題2 次の □ の中から適当な表現を選んで、①〜⑫の［　］に書いてください。

| によって　　において　　に対して　　にとって　　に関して　　として |

① 石油は現代人［　　　　　　　　］不可欠である。

② 自動車のエンジンはガソリンの燃焼［　　　　　　　　］動く。

③ 石油やガソリンの燃焼［　　　　　　　　］CO_2が発生する。

④ 大気中のCO_2の増加［　　　　　　　　］地球温暖化が進行している。

⑤ 現代［　　　　　　　　］地球温暖化は深刻な問題である。

⑥ 近年、地球温暖化問題［　　　　　　　　］さまざまな対策が取られている。

⑦ ガソリンに代わるエネルギー［　　　　　　　　］研究が進められている。

⑧ ガソリンに代わるエネルギー［　　　　　　　　］水素に注目が集まっている。

⑨ 自動車の開発［　　　　　　　　］排出ガスの削減は重要な課題である。

⑩ アメーダーはハレハレ自動車［　　　　　　　　］開発された低排出ガスの自動車である。

⑪ サムアツ国［　　　　　　　　］ハレハレ自動車のアメーダーへの人気が高まっている。

⑫ 車を運転する人［　　　　　　　　］ガソリンの値上げは深刻な問題である。

問題3 次の文章はある留学生が書いた言語学系の研究計画書の一部です。①〜⑨の［　］に入る言葉をa〜eの中から選んで、記号を書いてください。（全部使うとはかぎりません。）

| a　によって　　b　において　　c　に対して |
| d　にとって　　e　に関して |

30

*コードスイッチング：1つの文章や会話の中で、ある言語から別の言語に切り替えること

携帯メールのコードスイッチング*
－日本人タイ語学習者とタイ人日本語学習者を対象に－

研究動機および背景

　現在、日本は多言語多文化社会になりつつあり、日本に滞在している外国人が年々増えてきている。また、タイ［①　］も、日本［②　］も、携帯メールの使用は増えてきている。携帯メール［③　］コミュニケーションを行うことは、外国語学習者［④　］便利だという声がよく聞かれる。外国語学習者［⑤　］は、1度しか聞けない電話より、何度も文字で確認できるメールのほうがよく分かるからであろう。
　自分自身、タイ人日本語学習者とのコミュニケーションに携帯メールをよく使うが、その際、日本語とタイ語の2つの言語を切り替えて意思疎通を図ってきたように感じる。先行研究［⑥　］も、中西（2005）は日本語能力が低い日本語学習者や、少ない字数で効果的にメッセージを伝えようとする人ほどコードスイッチング（以下CS）を多く使用すると述べている。日本人タイ語学習者とタイ人日本語学習者との間でも、携帯メール［⑦　］コミュニケーションを行う場合が増えてきているが、日本語とタイ語を対象に携帯メールのCS［⑧　］研究したものは見当たらない。

研究目的

　そこで、本研究では、日本人タイ語学習者とタイ人日本語学習者を対象に、携帯メールのコミュニケーション［⑨　］、CSがどのように使用されているかを明らかにすることを目的とする。

【言葉】携帯メールのコードスイッチング：cellphone text message code switching　　学習者：learner　　対象：(research) subjects　　現在：at present　　多言語多文化社会：a multilingual, multicultural society　　滞在している：residing　　年々：year by year　　使用：usage　　コミュニケーション：communication　　何度も：repeatedly　　文字で確認できる：(they) can confirm written characters　　自分自身：I myself　　その際：at that time　　言語を切り替えて：(I) am switching between languages　　意思疎通を図ってきた：(I) have forged communicative understanding　　感じる：to feel　　先行研究：a prior study　　能力：ability　　字数：the number of (written) characters　　効果的に：effectively　　メッセージ：message　　述べている：(she) states　　見当たらない：(it) is not to be found　　そこで：for these reasons　　本研究：(in) this study　　明らかにする：to clarify

第1課 研究計画書とはどんなものかを知る

第 1 課 の ま と め

質問

1. 大学院の最終目標は何ですか。

2. 研究計画書は何のために書くのですか。

3. 研究計画書の構成項目にはどんなものがありますか。

4. 研究計画書の骨組みになるのはどのような項目ですか。

5. 論理性のある研究計画書を書くために、どんなことに気をつけますか。

6. 研究計画書の各項目にはどんな内容を書きますか。

7. 研究計画書で使う文体は何ですか。

重要な言葉

- ☐ ①研究計画書
- ☐ ②研究課題
- ☐ ③（文章の）骨組み（＝アウトライン）
- ☐ ④構成
- ☐ ⑤構成項目
- ☐ ⑥研究動機
- ☐ ⑦背景
- ☐ ⑧研究目的
- ☐ ⑨研究意義
- ☐ ⑩研究方法
- ☐ ⑪参考文献
- ☐ ⑫（文章の）骨組みになる項目
- ☐ ⑬論理性
- ☐ ⑭である体

第2課

研究課題を決める

STEP 3 タイトルの書き方を学ぶ

STEP 2 研究課題を絞り込む

STEP 1 研究課題を考える

第2課 研究課題を決める

STEP 1 研究課題を考えましょう

　研究計画書は自分の研究課題が何であるかを述べるものです。研究課題とは、大学院にいる間に何についてどこまで答えを探すかを具体的に示したものです。研究課題を見つけるには、まず物事に対して「なぜ？」「本当？」「このままではいけない！」などと、疑問や問題意識を持つことが大切です。そこで発見した疑問点や問題点が**研究の卵**です。そして、次に、問題が生じた理由や今後の展開、将来の可能性などについて**予測**し、「研究の卵」について掘り下げて考えていくと、研究課題が見えてきます。

　ボンさんは進学相談会で会った東日大学の北田教授に**研究の観点**を考えるようにアドバイスを受けました（第1課STEP2 p.8）。そこで、ボンさんは自分と研究との接点を振り返りながら、どんな観点から研究を進めるか考えてみることにしました。

ボンさん：自動車市場や企業の経営について専門的に勉強したことがないから、困ったなあ…。
あっ！でも、おもちゃ工場でバイトしていたとき、あんな問題があったなあ…。

研究の卵と自分との接点

問題1　以下は、ボンさんがサムアツ国のおもちゃ会社でアルバイトをしたときの話です。絵を見て、例のように文を作ってください。そして、どのような問題があったかを考えてください。

例）

①

②

例） 私は 大学生の とき、トイ・クモリンという会社 で アルバイト をしました。

① トイ・クモリンには、＿＿＿＿＿＿＿、＿＿＿＿＿＿＿、＿＿＿＿＿＿＿、＿＿＿＿＿＿＿の４つの部門があって、それぞれに＿＿＿＿＿＿＿＿＿＿がいました。私はその中の＿＿＿＿＿＿＿部門に配属されました。

② そして、私は＿＿＿＿＿＿＿＿でおもちゃを組み立てる仕事をしました。

③ そのとき、おもちゃの＿＿＿＿＿＿＿が足りなくなるというアクシデントが起きたので、すぐに＿＿＿＿＿＿＿に報告しました。

④ うちのマネージャーは＿＿＿＿＿＿＿＿＿＿＿に確認しましたが、事前に連絡ができていなかったために、すぐには準備できないと断られてしまいました。

⑤ そして、＿＿＿＿＿＿＿＿＿＿＿＿＿という大問題が起きてしまいました。

⑥ この経験を通して、私は＿＿＿＿＿と＿＿＿＿＿＿の間のマネージャー同士の＿＿＿＿＿＿＿の問題が、会社の＿＿＿＿＿＿や＿＿＿＿＿＿に大きな影響を及ぼすことを知りました。

第2課 研究課題を決める

ボンさん

企業の経営活動や業績のためには、部門間のコミュニケーションが重要なんじゃないだろうか。部門間のコミュニケーションについて研究する…。これが、北田先生がおっしゃっていた「研究の観点」になるのかな。

大森チューター

研究の卵は、これまで学習してきたことや**就業経験**など**実体験**から見つかることも多いです。まだ何を研究するのか決まっていない人は、自分のこれまでの学習経験や就業経験を振り返り、どんな疑問点や問題点があったか考えてみましょう。そして、なぜ問題が起きたのかその理由を考え、自分なりに予測をしてみましょう。

研究の卵

- ～という問題が起きている。
- どうして問題が起きているのか。
- ～というのは本当なのか。

予測

- ～が原因でこの問題が起きているのではないだろうか。
- この問題を解決するためには～が必要なのではないだろうか。
- この問題は将来～になるのではないだろうか。

STEP1 研究課題を考えましょう

ボンさんは、研究計画書を書くために、北田教授に話したことや、これまで頭の中で考えたことを整理してみることにしました。

研究の卵と予測

問題2 例のように、絵を見てボンさんが研究の卵（留学やアルバイト経験で感じた疑問点・問題点）からどのような予測をしたかを考えて、①と②の文を作ってください。

ボンさんの研究の卵と予測

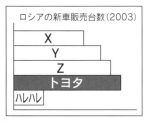

卵 なぜ、ロシアで、ハレハレはトヨタのように成功できないのか。

卵 トイ・クモリンでは部門間のコミュニケーションがうまくいかなかった。

卵 トイ・クモリンのように、同じ国の人同士でもコミュニケーションは難しい。

予測 ⇩　　予測 ⇩　　予測 ⇩

例）2009年からスタートするハレハレのサンクトペテルブルグ工場にとって、トヨタの経営は参考になるのではないだろうか。

①企業の業績や経営活動のためには、＿＿＿＿＿＿＿＿＿＿＿＿＿＿＿＿＿＿＿＿＿＿＿のではないだろうか。

②もし、＿＿＿＿＿＿＿＿＿＿＿＿＿＿＿＿＿＿＿＿＿ことになったら、＿＿＿＿＿＿＿＿のではないだろうか。

第2課 研究課題を決める

大森チューター

「予測をする」とは、自分が疑問や問題に思ったこと（A）をもとに、その理由や今後の展開、将来の可能性など（B）について、「AということはBということになるのではないだろうか」と考えることです。

予測と研究の観点

 問題3　ボンさんは予測をすることによって、どのような研究の観点を考えることができましたか。①と②にまとめてみましょう。

ボンさんの予測と研究の観点

予測
2009年からスタートするハレハレのサンクトペテルブルグ工場にとって、トヨタの経営は参考になるのではないだろうか。

予測
企業の業績や経営活動のためには、部門間のコミュニケーションが重要なのではないだろうか。

予測
外国人同士が一緒に働く場合は、部門間のコミュニケーションがさらに重要になるのではないだろうか。

観点
① サムアツ国のハレハレ自動車と、ロシアで成功を収めている_____の経営方法について比べる。

観点
② 経営方法の中でも、海外進出において特に重要になりそうな_____に注目する。

大森チューター

研究の観点とは、
● 何と何を比較するのか
● 調査や実験の対象を何にするのか
● データを分析するとき、どんな点に注目するのか
など、研究の方向性を具体的に示すものです。しっかりした研究課題にするためには、観点を細かく決めることが大切です。

研究の卵・予測・観点のつながり

以下は、情報通信系の研究科に進学を希望している学生の話です。
＊ジトジト国：実際には存在しません。

ツユネーさん

> わたしはジトジト国の大学で情報デザインを専攻し、「遠隔教育システムの設計」をテーマにグループで卒業研究をしました。そして、学生が自宅のインターネットを使って教師とリアルタイムでやりとりしながら授業が受けられるシステムを作りました。しかし、このようなシステムを使うには、パソコンと周辺機器が必要で、どこでも自由に勉強できるわけではありません。

【言葉】情報デザインを専攻し、：(I) majored in information design, and　　遠隔教育システムの設計：remote education system design　　テーマ：theme　　グループ：group　　自宅：(their) own home　　教師：instructors　　リアルタイムでやりとりしながら：while interacting in real time　　システム：system　　周辺機器：additional equipment

問題 4 ツユネーさんの話の中には、どんな卒業研究の問題点がありますか。問題点が書いてある部分に線を引いてください。そして、線を引いた部分の内容をまとめて、次のページの表の「研究の卵」の欄に書いてください。

問題 5 参考資料①と②に書いてある情報をヒントにして、次のページの表の例のように、ツユネーさんの研究はどんな観点で行ったらいいか、予測をしながら考えてください。

参考資料①

> **日本でサイバー大学が誕生！**
> すべての授業を携帯電話で配信する「サイバー大学」が日本で誕生した。利用者は社会人を中心に、2,000人に上るという。携帯を使った授業の効果は疑問だという意見がある一方で、教育の格差を解消する1つの方法になるのではないかと期待する声もあるという。
> （ジトジト・ネットニュース 2008.4.5）

【言葉】誕生：birth　　すべての：all　　携帯電話で配信する：to transmit via cellular phone　　利用者：user　　社会人：working adults　　中心：focus　　（2000人に）上る：to reach (2000 people)　　効果は疑問だ：effectiveness is questionable　　一方で：while ～ is true　　格差を解消する：to eliminate the gap in levels　　期待する：to hope

参考資料②

> **学生ビジネスマン急増中！**
> 朝の通勤前の時間を利用した講座がビジネスマンに人気だ。ジトジト国カビル市にある受験予備校で社会人対象の早朝外国語講座を開講したところ、朝6時という時間にもかかわらず、500件もの申し込みがあったという。不況が長引く中、スキルアップをして他の社員に差をつけたいと考えるビジネスマンが増えているようだ。　　　　　　（ジトジト国際新聞 2008.8.8）

【言葉】ビジネスマン：businessman　　急増中：rapidly increasing　　通勤前：before work in the morning　講座：lecture　　人気：popular　　受験予備校：a cram school　　社会人対象：targeting working adults　早朝：early morning　　開講した：classes started　　申し込み：applications　　不況が長引く：economic recession drags on　　スキルアップをして：(they) broaden (their) skill sets　　社員：employee　　差をつけたいと考える：wanting to give (themselves) an advantage

研究の卵					
資料	①				
予測	例）ジトジト国の遠隔教育にも携帯電話を使ったシステムを使ったらいいのではないだろうか。				
研究の観点	【研究するシステムの種類】例）携帯電話を使ったシステム	【研究の比較対象】	【研究するシステムの対象者】	【研究するシステムの教育内容】	

大森チューター

研究の卵について深く掘り下げて考え、予測をしていくとき、自分の思考のプロセスが論理的であるかどうか確認する必要があります。そのために、**思考地図**を書くのも1つの方法です。思考地図とはどんなものか、どのように書くのかを次に学びます。

STEP1 研究課題を考えましょう

ボンさんの思考地図

問題6 疑問と予測のつながりを確認しながら、ボンさんの思考のプロセスをたどってみましょう。その際、①～④に□から適当な言葉を選んで入れてください。

効率　　連絡のしかた　　販売価格　　人件費

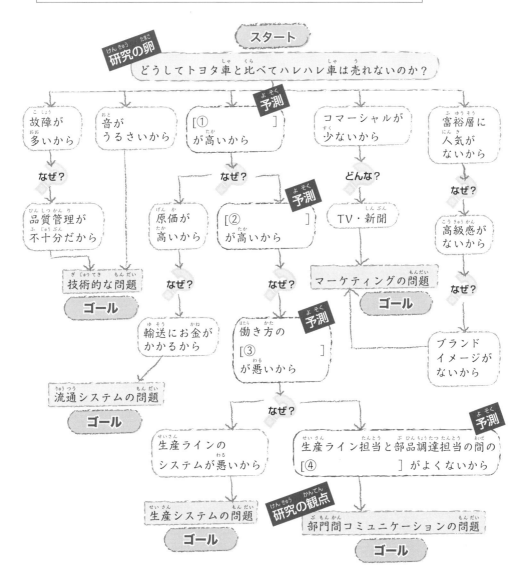

大森チューター：「思考地図」は疑問と予測を繰り返し、論理的につないでいくことによって作ります。では、「論理的につなぐ」というのはどういうことでしょうか。次の問題7で考えましょう。

思考地図の論理的なつながり

問題7 次の思考地図の一部を見て、論理的におかしいと思うところを指摘してください。論理的でないと考える理由も挙げてください。

① なぜトヨタの車は売れているのか。
↓
会社の名前が有名だから。
↓
なぜ有名なのか。
↓
よく売れているから。

② なぜトヨタの車は売れているのか。
↓
性能とデザインがいいから。
↓
どんな点がいいのか。
↓
燃費がよくて故障しない点がいい。

③ なぜトヨタの車は売れているのか。
↓
いろんな種類があるから。
↓
その中で人気があるのは何か。
↓
カムリ
↓
なぜカムリは売れているのか。

＊カムリ：トヨタが生産している車の名前

大森チューター

思考地図は
● 複数の情報を1つにして挙げていないか
● 同じ疑問を繰り返していないか
● 最初の疑問を他の疑問にすり替えていないか
など論理性をチェックしながら書きましょう。先生や友達に疑問と予測のつながりを説明してみると、客観的にチェックできます。

問題 8

① 次の参考資料A〜Eは、タタバンチュ国で起きた地震に関する新聞記事です。それぞれの資料をA〜Eの順番に読んで、タタバンチュで起きている問題をいろいろ挙げてください。

② 「なぜ、タタバンチュでは地震による死者が多いのか」を出発点（研究の卵）にして、p.46にある思考地図の続きを書き、どんな観点で研究ができるか考えてください。できるだけ自分の研究分野に近い研究を考えましょう。（地図は1つの観点に到達すればいいです。全部書く必要はありません。）

参考資料A

タタバンチュでM7.9の大地震　家屋倒壊
死者5,000人以上か

東日新聞 2007年6月4日

日本時間3日午前11時10分ごろ、タタバンチュ国南東部の都市テベ付近を震源とする強い地震があった。地震の規模はマグニチュード7.9、震度7を記録した。

テベ市では多くの家屋が倒壊し、死者は5,000人を超えると見られる。また、中継局の倒壊により、電話やインターネットなどの通信手段が使えず、被災地への対応に影響が出ている。現在、テベ市内の道路は避難しようとする人や車で渋滞し、救助活動が遅れているとの情報もある。テベ市は活断層の真上にあり、過去にも何度か大きな地震が起きていることから、地震予知システムの開発が課題になっていた。

【言葉】大地震：massive earthquake　家屋倒壊：destruction of buildings　死者：the dead　都市：city　付近：vicinity　震源：epicenter　規模：scale　マグニチュード：magnitude　震度：seismic intensity　記録した：(it) was recorded　多くの：a great number of　超える：to exceed　中継局：relay stations　通信手段：means of communication　被災地への対応：disaster response　影響が出ている：(it) has affected　現在：at present　道路：roads　避難しようとする：trying to take refuge　渋滞し：(they) are crowded with traffic, and　救助活動：relief efforts　情報：information　活断層の真上：an area directly above an active fault　過去：(in the) past　何度か：several times　地震予知システム：early-warning earthquake system　開発が課題になっていた：development has become an issue

参考資料B

テベ大地震で被害拡大　クラッシュ症候群も

東日新聞 2007年6月5日

　タタバンチュ政府は4日、タタバンチュ国南東部で起きたテベ大地震による死者は7,300名に達したと発表した。その大半は、倒壊した家屋の下で死亡したという。現在も建物の下に残されている人が多く、今後被害は拡大すると見られている。1年を通して湿度の高いタタバンチュでは、壁にレンガを使い、窓を大きくした住宅が一般的だが、以前から耐震性の低さが指摘されていた。

　また、クラッシュ症候群が原因で死亡したケースも報告されている。クラッシュ症候群とは、倒壊した建物の下などに腕や足が長時間はさまれて、体内に毒性の高い物質が生じ、その後、解放されたときにその物質が全身に回って、内臓に重大な影響を及ぼす病気である。日本でも、阪神・淡路大震災でクラッシュ症候群が問題となり、救助の際の医療措置が見直されている。

【言葉】大地震：massive earthquake　被害拡大：widening devastation　政府：government　死者：the dead　達した：(they) have reached (a certain amount)　発表した：(it) announced　大半：the greater part　倒壊した家屋：collapsed houses　死亡した：(they) died　現在：at present　残されている：remaining　今後：hereafter　湿度：humidity　レンガ：brick　住宅：homes　一般的だ：(they) are common　以前：before　耐震性の低さ：low resistance to earthquakes　指摘されていた：(it) has been pointed out　ケースも報告されている：cases have been reported　はさまれて、：(they) are pinned, and　体内：within the body　毒性の高い：highly toxic　（体内に）物質が生じ、：substances are produced (in the body), and　その後：afterwards　解放されたとき：after being freed　全身に回って、：(they) spread throughout the body, and　内臓：internal organs　重大な影響を及ぼす：to seriously affect　救助の際：in the event of rescue　医療措置が見直されている：medical contingency procedures are being reexamined

参考資料E

テベ大地震　子どもの心のケアを

東日新聞 2007年6月22日

　テベ大地震から3週間が経つ。テベ市では、家を失った多くの人が今でも公園のテントで暮らしている。学校は再開されておらず、地震で親兄弟を亡くした子どもや、心に傷を負った、いわゆるPTSD（心的外傷後ストレス障害）の子どものケアが課題となっている。現地ボランティアからは、母親以外の人と全く接触しない子どもや、突然怒ったり泣いたりする子どもに対して、どう接したらいいか分からないという声も出ている。

【言葉】ケア：care　（時間が）経つ：(time) passes　失った：lost　多くの：many　テントで暮らしている：(they) are living in tents　再開されておらず、：(they) have not reopened, and　親兄弟を亡くした：lost (their) parents and siblings　心に傷を負った：psychologically wounded　いわゆる：so-called　PTSD：post-traumatic stress disorder　課題となっている：(it) has become an issue　現地ボランティア：local volunteers, volunteers at the scene　母親以外の人：people other than their mothers　全く接触しない：to have no contact whatsoever (with)　突然：suddenly　接したらいい：(how) best to attend to (the children)

参考資料C

日本の救助チーム活動開始　衛生状態は悪化

東日新聞2007年6月7日

「地震発生後72時間」が迫る中、日本の救助チームが5日夜、テベに到着、6日朝から救助活動を開始した。消防隊員20名と救助犬、探査ロボットで構成される日本チームは、倒れた建物の下に残されている生存者の捜索にあたっている。地震の際の救助経験が豊富な日本チームには期待が寄せられているが、言葉が通じないことで活動が遅れ、初日は生存者を見つけられなかった。

一方、タタバンチュ政府によれば、100万人以上が地震によって家を失い、屋外で暮らしている。水不足・食料不足に加え、夜になっても30℃を超す暑さが続いており、衛生状態は急速に悪くなっている。

【言葉】救助チーム：rescue teams　　活動開始：efforts begin　　衛生状態は悪化：sanitary conditions worsen　　地震発生：the occurrence of an earthquake　　迫る中：as (it) approaches　　到着（し）、：(they) arrived, and　　消防隊員：rescue team members　　探査ロボット：(robotic) probes　　構成される日本チーム：the Japanese team consisting (of)　　残されている生存者：remaining survivors　　捜索にあたっている：(it) is being used to search　　際：in the event of a ～　　豊富な：abundant　　期待が寄せられている：hopes are being bet (on)　　言葉が通じない：there is no common language　　活動：action　　初日：the first day　　一方：meanwhile　　政府：government　　失い、：(they) have lost, and　　屋外で暮らしている：(they) are living on the streets　　不足：a shortage　　加え、：in addition (to ～),　　30℃を超す：(it) is exceeding 30℃　　急速に：rapidly

参考資料D

テベ大地震で農業に大打撃　物価に影響も

東日新聞2007年6月10日

テベ大地震から1週間。テベの主要産業である農業への被害が深刻だ。地震によって地面が割れ、傾いた田畑が目立つ。また、水道が止まり、ほとんどの作物が枯れている。

米作りをしている男性（48）は「今年の収穫はゼロだ。どうやって生活していけばいいのか」と不安を口にした。

また、テベ市とほかの都市を結ぶ複数の道路が通行止めになっていることから、物資の輸送に影響が出ており、テベ市内のスーパーでは商品が不足し、急激な値上げが続いている。

【言葉】大地震：massive earthquake　　農業：agriculture　　大打撃：a major blow　　物価：(commodity) prices　　影響：effect　　主要産業：primary industry　　被害が深刻だ：the damage is serious　　地面が割れ、：crevices in the ground open, and　　傾いた田畑が目立つ：oddly slanted fields stand out　　作物が枯れている：crops have withered　　米作り：rice farming　　収穫：harvest　　不安を口にした：(he) expressed (his) anxiety　　都市を結ぶ：to connect to a city　　複数：numerous　　道路が通行止めになっている：roads are blocked　　物資の輸送：the delivery of supplies　　影響が出ており、：(it) has been affected, and　　商品が不足し、：goods are scarce, and　　急激な値上げ：an abrupt rise in cost

第2課 研究課題を決める

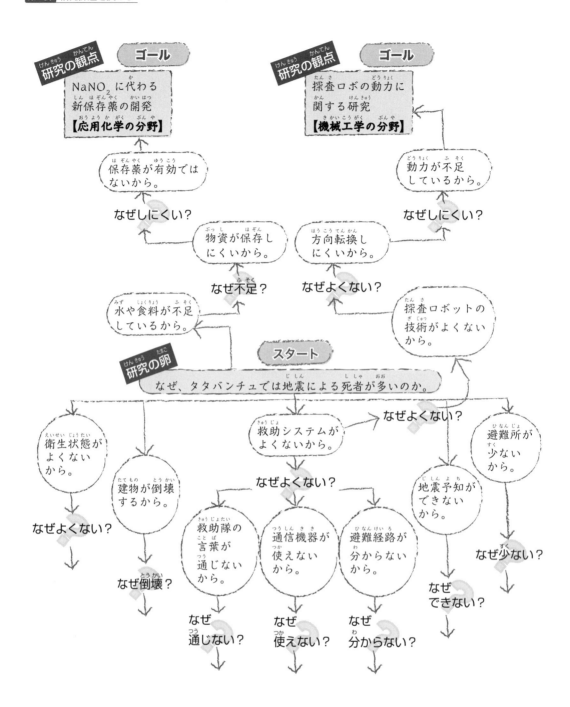

執筆メモ1　ワークブックp.2に進み、「研究の卵」・「予測」・「研究の観点」を書いてください。

STEP1 | 研究課題を考えましょう

研究の卵はボンさんのように実体験から生まれることもありますが、本来は**先行研究**（**学会**や**研究雑誌**で発表されているその分野の**研究論文**）を読んで、その疑問点や問題点を研究の卵として研究課題を考えるのが一般的な方法です。では、研究の卵が身近な実体験である場合と、先行研究である場合を比べて、その違いを考えましょう。

第1部

身近な実体験から見つける研究の卵

以下は、日本人学生と留学生の大学の食堂での会話です。この学生たちの会話に自分も参加していると想像してください。

第2課 研究課題を決める

日本人の門多さん

「知り合いの留学生から、急に電話がかかってきて、私が今在学している大学院の願書を送ってほしいと言われた。久しぶりの電話だったのに、何の前置きもなしにいきなり頼まれて、いやな思いをした。」

日本人の飯尾さん

「大学院で研究している留学生の友人から、メールでアンケートを頼まれた。質問が多くて長いアンケートだったが、私は研究に協力したいと考えてさっそく回答を送った。しかし、数日たってもお礼のメールが届かず、がっかりした。」

日本人の佐賀さん

「大学院の修士論文のデータをとるために、留学生を紹介してもらった。その留学生は初めて会った私を部屋に入れ、お菓子やお茶までごちそうしてくれた。とても嬉しかったが、こちらが頼んでいるのに、そんなに歓迎してくれるなんて申し訳ないと思った。」

留学生のソッカさん

「日本人の話し方は回りくどいと思う。別に大したお願いでもないのに、そんなに長々と話をされるなんて、他人みたいだ。日本人と長く付き合っても友達になれないと感じる。」

問題**9** この会話から、どんな問題が起きているか考えてください。また、その問題を研究の卵として、どんな研究ができるか考えてください。

47

第2課 研究課題を決める

大森チューター

研究の卵は
● 実体験（学習経験や就業経験など） ● 新聞やニュース
● 卒業論文で解決できなかったことや先行研究から発見した疑問点・問題点

から見つけるものですが、日常的な話題から見つけた研究の卵を、専門的な研究課題に発展させるのは難しいものです。次は、先行研究を読んで、研究の卵を見つけます。

先行研究から見つける研究の卵

問題10 第3部コラム（p.206〜211）の「依頼場面における日本語とカイ語の談話展開－発話数と発話機能の差に注目して－」を読んでください。（難しいと思ったら、「要旨」と「まとめと今後の課題」の部分だけでもいいです。）この先行研究から発見できる問題点は何ですか。

例）・データ数が不足している。

- -

- -

問題11 問題10で見つけた研究の卵をもとに、問題が起きた原因や今後の研究の可能性について予測をして、どんな研究ができるか考えてください。

研究の卵	予測	どんな研究ができるか
例）データ数が不足している。	例）会話をアンケートで収集するという方法に問題があるのではないだろうか。	例）MSNの掲示板に呼びかけて許可をもらい、カイ人と日本人の会話を大量に収集し、場面別に分類する。その中から依頼場面の会話を選ぶ。

大森チューター

研究計画を立てるには、その分野の研究がどこまで進んでいるかを調べ、先行研究に残された課題を研究の卵にして、先行研究よりほんの少し前進した研究を考えるのが現実的です。研究論文の最後に書かれている**今後の課題**の部分は、研究の卵を探すためのヒントになるので、参考になります。日常の体験を通して思いついた研究をスタートする場合も、次の段階では先行研究にあたってみる必要があります。

STEP1 | 研究課題を考えましょう

研究の卵について、疑問と予測を繰り返しながら深く掘り下げて考え、研究への取り組みの観点を絞り込むことができたら、文章にまとめてみましょう。それが研究課題になります。

研究課題

問題12 以下は、ボンさんの研究課題を表した文章です。p.38の問題3を参考に、以下の文章に適当な言葉を入れて、ボンさんの研究課題を完成させてください。

ボンさんの研究課題
ロシアで成功している_____を参考にして、ハレハレ自動車のロシアへの経営移転について、_____の点から調査します。そして、それがハレハレ・サンクトペテルブルグ工場の経営活動や業績に与える影響を調べます。

大森チューター

研究課題には
- 調査や実験の対象
- 分析の着眼点
- 実験の方法（主に理科系の場合）

など、自分の研究独自のポイントを書きます。これが具体的であればあるほど、専門性の高い研究課題になります。

問題13 前のページの問題11で考えたことをもとに、研究課題を書いてください。

 執筆メモ2　ワークブックp.3に進み、自分の「研究課題」を書いてください。

第2課　研究課題を決める

研究課題を絞り込みましょう

　STEP 1でまとめた研究課題をさらに専門性の高いものにするためには、**専門書**や**先行研究**、学会の**研究発表**などを調べて、研究分野に関する知識を増やさなければなりません。読むのが難しい場合は、見出しや**タイトル**をチェックするだけでも役立つはずです。ここでは、それらの探し方を学びましょう。

　ボンさんは日本語で書いた研究課題を、日本語学校のクラス担任の池谷先生に見てもらいました。そして、先生から次のようなアドバイスを受けました。

池谷先生

「トヨタ自動車を参考にして」と書いてありますが、トヨタ自動車のどんな点を参考にするんですか。もっと具体的に書いたほうがいいと思いますよ。先行研究は探してみましたか。

池谷先生が CiNii Articles という論文検索サイトを教えてくださったので、どんな先行研究があるか、タイトルを調べてみました。

ボンさん

NII 学術情報ナビゲータ　CiNii Articles（https://ci.nii.ac.jp/）

ここにキーワードを入れます。
例）経営　異文化

（2019年5月現在）

50

研究のキーワード

問題1 ボンさんは論文検索サイト CiNii Articles に、□のようなキーワードをいろいろ組み合わせて入力しました。「トヨタ、海外　移転」などとキーワードを入力して、下の論文を CiNii Articles で探してください。

```
☐ 📄 トヨタの海外移転モード
    平賀 英一
    東海学園大学研究紀要：経済・経営学研究編 (11), 59-75, 2006-03-31
    機関リポジトリ
```

（2019年5月現在）

大森チューター

CiNii Articles に「」などのマークがあるときは、その論文を読むことができる場合があります。
第3部 STEP1（p.202）で紹介している researchmap（リサーチマップ）で大学院の先生の名前を検索して、CiNii Articles のキーワードに入れると、その先生の書いた論文を探すことができます。

✏️ **執筆メモ3**　ワークブック p.4 に進み、「研究のキーワード」を書いてください。

論文検索 − CiNii Articles

問題2 researchmap（リサーチマップ）の「研究者検索」で、キーワード「トヨタ、経営」と入力してください。そして、その中から先生を1人選んで、その名前を CiNii Articles に入れてみましょう。どんな論文が見つかるでしょうか。

執筆メモ4 ワークブック p.4〜5 に進み、「論文検索結果」をまとめてください。

大森チューター：まだ論文が読めない、これから専門の勉強を始めたいという人には、専門分野全体の内容について易しくまとめてある**入門書**や**概説書**がおすすめです。また、専門の内容を一般の人向けに分かりやすく書いた**新書**という種類の書籍も研究のヒントを得るのに役立ちます。公共図書館の所蔵目録データベース **OPAC（オーパック）** では、公共図書館に所蔵されているさまざまな書籍が検索できます。

新宿区立図書館の所蔵目録データベース　OPAC
(https://www.library.shinjuku.tokyo.jp/WebOpac/webopac/index.do)

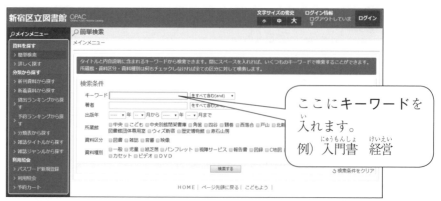

ここにキーワードを入れます。
例）入門書　経営

（2019年4月現在）

最寄りの図書館

問題3　最寄りの公共図書館について、以下の例のように情報を調べ、まとめましょう。

図書館の所在地	来館サービス	オンラインサービス
①図書館名：新宿区立■図書館 ②住所：新宿区北新宿■-■-■ ③電話：03 - 33■■ - ■■■■ ④行き方：JR■■■駅から徒歩10分	①開館時間：午前10時〜午後7時 ＊土・日曜日、祝休日は午後6時まで ②休館日：月曜日 ③貸し出し：可 ＊本10冊まで　貸出期間2週間 ④複写（コピー）：1枚10円（白黒） ＊雑誌の最新号、当日の新聞などは複写できない	①資料の検索 ②資料の予約

研究分野の関連書籍

問題4　最寄りの図書館のOPACのキーワード欄に「トヨタ、新書」と入力してください。何冊の関連書籍が見つかりましたか。

大森チューター

> 自分の研究分野に関する最新情報は、ニュース番組や新聞でも常にチェックしておくようにしましょう。インターネットの検索エンジンのキーワード欄に「新聞」と入力すると、各新聞社のオンラインニュースのサイトが見つかります。読むのが難しいという人は、「ルビ振りサイト」を使ってみてください。ルビ振りサイトの使い方は、この課の最後のコラム（p.63）で紹介しています。

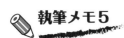　**執筆メモ5**　ワークブックp.4〜5に進み、「専門書や新書の検索結果」を書いてください。

ボンさんは日本語学校の池谷先生に「トヨタのどんな点を参考にするのか、もっと具体的に考えたほうがいい」とアドバイスを受けて（p.50）、CiNii Articles で見つけたトヨタの経営に関する論文を読んでみました。

ボンさんが読んだ論文

1）平賀英一（2005）「1980年代のトヨタの豪州経営：組織外部性維持の経営が与えた教訓」『東海学園大学研究紀要　経営・経済学研究編』第10号シリーズA, pp.91-111
2）平賀英一（2006）「トヨタの海外移転モード」『東海学園大学研究紀要　経営・経済学研究編』第11号, pp.59-75

ボンさん

2つの論文には、トヨタが外国に経営を移転したときの特徴が書いてありました。いくつかの特徴の中で、次の2つはとても重要だと思ったので、ポイントをメモしました。

ボンさんの論文メモ

トヨタのオーストラリア・北米への経営移転の特徴　平賀（2005, 2006）より

①社内会議体の構築
・西洋社会では上司の指示は絶対的なもので、上司は部下が他部門と横のコミュニケーションをすることを嫌う。
・西洋社会では、部門と部門をつなぐ社内会議体がほとんどない。
・トヨタは海外において、毎月生産計画会議を行うなど、社内会議体を構築した結果、業績が上がった。

②コーディネーター制
・人事権も指揮権もない日本人をコーディネーターとして現地工場の各部門に配置する。
・コーディネーターは自分の実力で現地従業員の信頼を得る。
・コーディネーター制で個人の実力を育成することによって、上司からの指示ではない、積極的な部門間調整ができるようになる。

【言葉】①社内会議体の構築：the creation of internal meeting system　　西洋社会：Western society　　上司の指示：instructions from (one's) boss　　絶対的なもの：an absolute　　部下：subordinate　　他部門：other divisions　　横のコミュニケーション：lateral communication　　嫌う：to dislike strongly　　部門と部門をつなぐ：to link divisions　　生産計画会議：a production meeting　　構築した結果、：the result of this creation (was),　　業績が上がった：productivity rose
②コーディネーター制：coordinator system　　人事権：the authority to fire, promote etc. workers　　指揮権：the authority to direct workers　　現地工場：domestic factories　　各部門に配置する：to post in each division　　実力：ability　　現地従業員：local staff　　信頼を得る：to gain (someone's) trust　　個人：an individual　　育成する：to foster　　積極的な部門間調整：positive interdivisional cooperation

研究課題の絞り込み

問題5 ボンさんはトヨタの経営移転の特徴の中で、なぜこの2点に注目したのでしょうか。ボンさんの研究課題（p.49）と、この2点はどんな関係があるか考えてください。

問題6 ボンさんは論文で学んだことをもとに、研究課題を書き直しました。以下の文に適当な言葉を入れて、ボンさんの研究課題を完成させてください。

> **ボンさんの研究課題**
> トヨタ自動車のロシアへの経営移転を、＿＿＿＿＿＿＿＿＿＿＿＿＿＿と
> ＿＿＿＿＿＿＿の点から整理し、ハレハレ自動車のロシアへの経営移転について、部門間のコミュニケーションの点から調査して、それがハレハレ・サンクトペテルブルグ工場の経営活動や業績に与える影響を調べる。

大森チューター：先行研究や専門書で学んだことをもとに、研究課題をさらに絞り込んで書き直していきましょう。大学院での研究課題としてふさわしい、専門性の高い研究課題にするためには、
◎ 先行研究を読んで知識を深める
◎ 研究課題を見直す
この2つのプロセスを繰り返すことが必要です。

執筆メモ2　ワークブックp.3に進み、もう1度「研究課題」を書いてください。

第2課 研究課題を決める

STEP 3 表現 タイトルの書き方を学びましょう

　研究計画書の一番上に書いてあるのがタイトルです。だれもが最初に見るもので、研究計画書を書いた人がどんな研究をしようとしているのかを、一瞬で伝える働きをしています。タイトルは研究課題を一言で簡潔に表すようにしましょう。

　以下は、ボンさんの研究計画書のタイトルとSTEP 2で書いた研究課題です。この2つを見て、以下の問題に答えてください。

ボンさんのタイトル

ハレハレ自動車のロシア現地工場における部門間のコミュニケーションに関する研究
―トヨタ自動車との比較をもとに―

↑問題1の例

ボンさんの研究課題

↓問題1の例

トヨタ自動車のロシアへの経営移転を、社内会議体の構築とコーディネーター制の点から整理し、ハレハレ自動車のロシアへの経営移転について、部門間のコミュニケーションの点から調査して、それがハレハレ・サンクトペテルブルグ工場の経営活動や業績に与える影響を調べる。

タイトルに書く内容

問題1 研究課題の中からタイトルでも使われている言葉を見つけて、例のように＿＿＿を引いてください。また、なぜ、それらの言葉がタイトルに使われているのか考えてください。

タイトルの形式

問題2　タイトルがどんな形で終わっているか確認してください。また、タイトルが2行に分かれているのは、どうしてだと思いますか。考えてください。

大森チューター

研究計画書のタイトルを書くときのポイントは、
◎ 研究課題の**要点**をまとめる
◎ **名詞の形**で終わらせる
◎ 補足的な情報は**サブタイトル**にする
ことです。次に、タイトルを名詞の形で終わらせるために必要な表現と、サブタイトルでよく使う表現をまとめたので、例文を読んで、使い方をしっかりと理解しましょう。

第2課 研究課題を決める

研究計画書のタイトルでよく使う表現

1. ～に よる

【形】[N1] による [N2]
【意味a】[N1] が原因で起きる [N2]
【意味b】[N1] の方法を使った [N2]
【意味c】[N1＝人／企業／国] が 開発した／調査した [N2]

例文　次の①〜③の文の「〜による」はa〜cの中のどの意味ですか。[　　] に記号を
書いてください。

① 「地震による地形の変化」[　　]
タタバンチュ国では2007年に発生した地震による地形の変化で、今もライフラインの
復旧が行えない地域がある。

② 「携帯電話によるアンケート調査」[　　]
カラカラ・マーケティングリサーチは、携帯電話によるアンケート調査を行った。

③ 「ハレハレ自動車による低排出ガス車の開発」[　　]
ハレハレ自動車による低排出ガス車の開発はヨーロッパにおいて高く評価されている。

【言葉】地形の変化：topographical changes　　発生した：occurred　　ライフラインの復旧：lifeline restoration
地域：area　　携帯電話：cellular phone　　アンケート調査：a survey　　低排出ガス車の開発：development
of low-emission vehicles　　評価されている：(it) is assessed

練習 ☆発展　「〜による」を使って、文を完成してください。

_____ 株価の下落 が各国に与えた影響は大きい。

2. ～に おける

【形】[N1] における [N2]
【意味a】[N1＝場所] での [N2]
【意味b】[N1＝時] の [N2]
【意味c】[N1＝分野／領域] の中での [N2]

58

例文　次の①〜③の文の「〜における」はa〜cの中のどの意味ですか。[　]に記号を書いてください。

① 「サムアツ国における緑茶飲料の市場拡大」[　]
健康ブームによって、サムアツ国における緑茶飲料の市場はますます拡大していくと予測できる。

② 「20世紀における日本とサムアツ国の貿易交渉」[　]
本研究の目的は、20世紀における日本とサムアツ国の貿易交渉が日本の食糧問題にどのような影響を与えたかを明らかにすることである。

③ 「自動車メーカーにおけるブランドイメージ」[　]
日本とサムアツ国の自動車メーカーにおけるブランドイメージには、どのような違いがあるのだろうか。

【言葉】緑茶飲料の市場拡大：growth in the market for green tea　　健康ブーム：health "boom"　　ますます拡大していく：(it) will expand rapidly　　予測できる：(it) seems likely　　20世紀：the twentieth century　　貿易交渉：trade negotiations　　食糧問題：food-related problems　　影響を与えた：(it) affected　　明らかにする：to clarify　　メーカー：maker　　ブランドイメージ：brand image　　違い：difference

練習 ☆発展　「〜における」を使って、文を完成してください。

ゴミの有料化は＿＿＿＿＿＿＿＿＿＿＿＿＿＿＿＿条例にもとづいて実施される。

3. 〜に関する

【形】[N1]に関する[N2]
【意味】[N1＝研究課題]についての[N2＝研究／実験／調査]

例文
① 「糖尿病とコーヒーの摂取量に関する研究」
ザーザー大学医学部の研究グループが、糖尿病とコーヒーの摂取量に関する研究を行った。

② 「タタバン湖付近の地質に関する調査」
タタバンチュ政府はタタバン湖付近の地質に関する調査を行い、耐震基準を見直した。

【言葉】糖尿病：diabetes　　摂取量：(amount of) intake　　医学部：school of medicine　　グループ：group　　付近：vicinity　　地質：geology　　調査：a study　　政府：government　　耐震基準を見直した：(it) reviewed earthquake-resistance standards

59

第2課 研究課題を決める

練習 ☆発展　「〜に関する」を使って、文を完成してください。

ハレハレ自動車の研究所ではガソリンに代わるエネルギーを開発するため、＿＿＿＿＿＿

＿＿＿＿＿＿＿＿＿＿＿＿　研究 を行っている。

4. ～を〜と した

　【形】[N1] を [N2] とした [N3]

　　＊サブタイトルでは 　{ [N1] を [N2] として
　　　　　　　　　　　　 [N1] を [N2] に 　} の形が多い

　【意味】[N1] が [N3] の [N2＝目的／中心／対象／もと] である

例文

① 「低排出ガス車に対する意識調査—20代、30代の若者を対象に—」
　ハレハレ自動車が開発した低排出ガス車「アメーダー」は20代、30代を中心とした若者に支持されている。

② 「ハレハレ自動車における情報伝達の実態調査—社内コミュニケーションを中心として—」
　本調査はハレハレ自動車の社内コミュニケーションに関する実態を把握することを目的としたものである。

【言葉】低排出ガス車：low-emission vehicles　　意識調査：opinion survey　　若者：young people　　対象：(research) subjects　　開発した：developed　　中心：the focus　　支持されている：(it) has been supported　情報伝達の実態調査：a study of actual information flow　　社内コミュニケーション：internal communication　本調査：(in) this study　　実態を把握する：to understand (the) present condition

練習 ☆発展　「〜を〜とした」を使って、文を完成してください。

カンカンデパートでは、＿＿＿＿＿＿＿＿＿＿＿＿＿＿＿＿＿＿＿＿ために、＿＿＿＿＿＿

＿＿＿＿＿＿＿＿＿＿＿　デリバリーサービス を実施する予定である。

問題3　次の □ の中から適当なものを選んで、[　　] に書いてください。

による	における	に関する	とした

60

① サムアツ国ピーカン地域［　　　　］都市政策が農業に及ぼす影響
② 微生物［　　　　　　］汚染土壌の浄化
③ 工業排水の浄化を目的［　　　　　］実験
④ タタバンチュ国［　　　　　　］集合住宅の設計［　　　　　］研究

【言葉】地域：region　　都市政策：urban policy　　農業：agriculture　　及ぼす影響：the effects produced　　微生物：microbe　　汚染土壌の浄化：treatment of polluted soil　　工業排水：water-borne pollutants　　実験：experiment　　集合住宅の設計：apartment building design

大森チューター

文をタイトルにするときは、一般的に名詞の形を使います。先行研究や専門書を参考に、研究計画書でよく使う言葉の名詞の形を確認しましょう。また、助詞の使い方にも注意しましょう。

名詞化

問題4　例のように、名詞の形で書いてください。

例）データを集める→データの収集、データ収集

① 株価が上がる→
② 利益が減る→
③ 人口が増える→
④ 事業を広げる→
⑤ （悪かった）景気が元に戻る→
⑥ 技術力が上がる→
⑦ 経営状態が悪くなる→
⑧ 両国を比べる→
⑨ 二酸化炭素を減らす→
⑩ （顧客の）信頼を得る→

【言葉】データの収集：data collection　　株価：stock values　　利益が減る：profit decreases　　事業を広げる：to expand business　　景気が元に戻る：the economy recovers　　経営状態：business conditions　　両国：both countries　　二酸化炭素を減らす：to reduce carbon dioxide　　顧客：customer　　信頼を得る：to gain (someone's) trust

問題5　例のように、［　］に助詞を書いてください。

例）欧米と関係がある　⇒　欧米［　との　］関係

① 京都で環境会議がある　⇒　京都［　　　］環境会議
② 関連企業と連携する　⇒　関連企業［　　　］連携
③ サムアツ国から日本に輸入する　⇒　サムアツ国から日本［　　　］輸入
④ 市場参入を目指す企業に提言する　⇒　市場参入を目指す企業［　　　］提言

【言葉】欧米：Europe and America　　環境会議：an environmental conference　　関連企業と連携する：to coordinate with affiliates　　市場参入を目指す：to aim for entry into (a particular) market　　提言する：to suggest

タイトルのつけ方

問題6　次の①と②の文章の中にある「本研究では～」の文は、研究課題を表したものです。この文を研究計画書のタイトルの形にしてください。必要があれば、サブタイトルを付けてください。

① 日本語にカタカナ語があるように、サムアツ語にも英語をもとに作られた外来語がある。しかし、カタカナ語とサムアツ語の外来語は発音が全く違うため、サムアツ人にとって、日本語のカタカナ語の学習は非常に難しい。本研究では、サムアツ人日本語学習者がカタカナ語をどのように習得していくのかを調査する。

----

② タタバンチュ国では日本のように耐震技術が進んでいないため、2007年の地震で多くの建物が倒壊した。本研究では、日本の耐震技術を参考にしながら、タタバンチュの地質に合った新たな耐震技術を開発したい。

【言葉】外来語：foreign loanword　　学習：learning　　本研究：(in) this study　　学習者：learner　　習得していく：(they) will acquire　　調査する：to study　　耐震技術：earthquake-resistant engineering　　多くの：many　　倒壊した：(they) collapsed　　参考にしながら、：(I) am using (it) as a reference,　　地質：geology　　新たな：new　　開発したい：(I) would like to develop

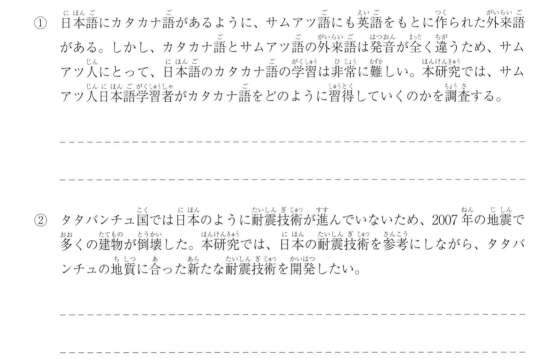

大森チューター：研究課題を絞り込んで内容が変わったら、それに合わせてタイトルも書き直す必要があります。タイトルは研究課題を一言で表したものですから、内容が一致するように見直しましょう。

執筆メモ6　ワークブック p.5 に進み、研究課題を「タイトル」の形で書いてください。

「ルビ振りサイト」

インターネットのホームページを見る場合、漢字の読み方が難しくて苦労することがあるでしょう。そんなときルビ振りサイトを使うと、読みたいページに自動的に振り仮名を振ることができます。使い方はとても簡単で、ルビ振りサイトのトップページの入力欄に、見たいホームページのURLを入力するだけです。

ひらひらの ひらがなめがね（http://www.hiragana.jp/）

ここに読みたいホームページのURLを入れる。
例）https://www.jasso.go.jp/

（2019年4月現在）

Microsoft® WordやExcelにも便利なルビ振り機能があるので、使ってみましょう。

▍Wordのルビ振り機能
  ・ルビを振りたい部分の範囲を指定する。
  ・画面の一番上に出ているツールバーの「書式」⇒「拡張書式」⇒「ルビ」

▍Excelのルビ振り機能
  ・ルビを振りたい部分の範囲を指定する。シート全体にルビを振りたいときは「Ctrl +A」で指定する。
  ・ツールバーの「書式」⇒「ふりがな」⇒「表示／非表示」でルビがつく。
  ・「書式」⇒「ふりがな」⇒「設定」でルビの種類（ひらがな・カタカナ）や大きさを変えることができる。

第2課 研究課題を決める

第 2 課 の ま と め

質問

1．研究の卵はどうやって見つけますか。

2．研究の卵を研究課題にするには、どんなことが必要ですか。

3．研究課題はどうやって絞り込みますか。

4．CiNii Articles はどんなときに使いますか。

5．OPAC はどんなときに使いますか。

6．研究計画書のタイトルを書くときは、どんなことに気をつけなければなりませんか。

重要な言葉

- ☐ ①研究の卵
- ☐ ②予測
- ☐ ③研究の観点
- ☐ ④就業経験
- ☐ ⑤実体験
- ☐ ⑥思考地図
- ☐ ⑦先行研究
- ☐ ⑧学会
- ☐ ⑨研究雑誌
- ☐ ⑩研究論文
- ☐ ⑪卒業論文
- ☐ ⑫（論文の）今後の課題
- ☐ ⑬専門書
- ☐ ⑭研究発表
- ☐ ⑮タイトル
- ☐ ⑯ CiNii Articles（サイニィ・アーティクルズ）
- ☐ ⑰キーワード
- ☐ ⑱（論文の）要旨
- ☐ ⑲ researchmap（リサーチマップ）
- ☐ ⑳入門書
- ☐ ㉑概説書
- ☐ ㉒新書
- ☐ ㉓ OPAC（オーパック）
- ☐ ㉔（文章の）要点
- ☐ ㉕サブタイトル

第3課

骨組みになる文章を書く

研究意義を書く

研究動機・背景を書く

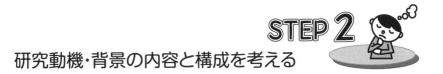
研究動機・背景の内容と構成を考える

研究目的を書く

STEP 1 　研究目的を書きましょう

　ここからは、いよいよ研究計画書の骨組みになる3つの項目を文章にして書いていきます。まずは、研究目的です。研究目的は大学院での研究において、何についてどこまで答えを探すのかを示した部分で、研究計画魚の頭になる重要な部分です。第2課で書いた研究課題を形式的に整えて、研究目的を完成させましょう。研究目的を書くときにはどんな言葉や表現を使うのでしょうか。

　次の文は、第2課でボンさんが書いた研究課題です。これを読んで、以下の問題に答えてください。

ボンさんの研究課題

　トヨタ自動車のロシアへの経営移転を、社内会議体の構築とコーディネーター制の点から整理し、ハレハレ自動車のロシアへの経営移転について、部門間のコミュニケーションの点から調査して、それがハレハレ・サンクトペテルブルグ工場の経営活動や業績に与える影響を調べる。

研究目的の書き方

問題1 ボンさんの研究課題を見て、a～dを並べ替え、研究目的の文を完成してください。

　　　　[　　　] → [　　　] → [　　　] → [　　　]

a　ハレハレ自動車のサンクトペテルブルグ工場における部門間のコミュニケーションについて調査し、

b　それが経営活動や業績に与える影響を明らかにすることを目的とする。

c　そこで、本研究では、

d　トヨタのロシアにおける経営移転について社内会議体の構築およびコーディネーター制の点から整理したうえで、

STEP1 | 研究目的を書きましょう

北田教授　私たちが研究計画書を見るとき、一番先に目が行くのが、研究のゴールが示されている「研究目的」の部分です。日本語はすばらしくても、大学院在学中に達成できないような大きな目的が書いてあったり、目的があいまいだと、本当に専門の勉強をしているのかしらと不安に感じます。また、どこに研究目的が書いてあるのか分からないような構成の研究計画書はとても読みにくいので、きちんと項目を立てるようにしてほしいですね。

研究目的で使う言葉・表現

問題2　ボンさんの研究目的に使われている言葉や表現を確認しましょう。後の大森チューターのコメントをヒントに、①〜⑤に言葉や表現を入れて、文章を完成してください。

ボンさんの研究目的

［①　　　］、［②　　　　　　　］、トヨタのロシアにおける経営移転について社内会議体の構築およびコーディネーター制の点から整理［③　　　　　　　］、ハレハレ自動車のサンクトペテルブルグ工場における部門間のコミュニケーションについて調査し、それが経営活動や業績に与える影響を［④　　　　　　　　］こと［⑤　　　　　　　　］。

大森チューター　①は「接続詞」と言って、前の文の内容（問題点・課題）と後ろの文の内容（解決法・提案）の関係を表すときに使います。②は「この研究」という意味で、研究計画書や論文で使います。③は「〜てから」と同じ意味の表現。④は「今まで分からなかったことの答えを見つける」という意味の言葉。⑤は第2課でも勉強した表現で、「〜ことが目的である」という意味です。

第1部

第3課　骨組みになる文章を書く

67

第3課 骨組みになる文章を書く

研究目的でよく使う表現

1. ～を～とする

【形】[V 辞書形] こと を [N] とする
【意味】私は [V] ことを（自分の研究の）[N＝目的／主眼] に決める
V＝提言する／開発する／構築する／明らかにする／探る　など

例文

① サムアツ国の自然環境は、観光業の発展にとって大きな役割を果たしてきた。しかし、その一方で、集客のための大規模な開発により、自然環境が重大な影響を受けている。そこで、本研究ではサムアツ国が観光地として持続的に発展していくための方法を探ることを目的とする。

【言葉】自然環境：natural environment　観光業の発展：the development of tourism　役割を果たしてきた：(it) has played a roll　一方で：in contrast　集客：attracting customers　大規模な開発：large-scale development　重大な影響を受けている：(it) is heavily affected　そこで：for these reasons　本研究：(in) this study　観光地：a tourist area　持続的に発展していく：(it) will continue to develop　方法を探る：to investigate method

大森チューター：「提言／開発／構築する」「明らかにする」「探る」などの言葉は、いっしょに使う言葉が決まっています。
自分の研究計画書に使う言葉を確認しましょう。

練習 次の①〜⑥は a〜d の中のどの言葉と合いますか。[　] に記号を書いてください。

　　a 提言する　　b 開発する　　c 構築する　　d 明らかにする　　e 探る

①システムを [　][　]　　②技術を [　]　　③方向性を [　]
④可能性を [　]　　⑤原因を [　][　]　　⑥対策を [　]

2. そこで

【形】［文１］そこで［文２］
【使い方】基本的な使い方：［文１＝問題点］そこで［文２＝対策／解決法（〜することにした／〜することになった）］
　　　　　研究計画書での使い方：［文１＝動機・背景］そこで［文２＝研究目的］

例文
① 数学ができるようになるには、問題文の意味を正確に理解するための国語力が必要である。そこで、サムアツ国の小学校では国語の時間数を増やすことにした。
② 携帯電話の機能は目で見て、音を聴くものであるが、匂いが分かる機能があれば、さらに使い方の幅が広がるであろう。そこで、本研究では、現在開発が進んでいる「匂いの記録・再生システム」を携帯電話に応用するための実験を行う。

【言葉】正確に理解する：to understand accurately　　国語力：verbal aptitude　　増やす：to increase　　携帯電話の機能：cellphone functions　　匂い：smell　　さらに：even more　　使い方：usage　　幅が広がる：the scope (of its functionality) increases　　本研究：(in) this study　　現在：at present　　記録・再生システム：a recording/playback system　　応用する：to apply　　実験：an experiment

練習１　次の①〜⑤のうち「そこで」が使えるものを１つ選び、[　] に○をつけてください。

① [　] 1992年に環境と開発に関する国際会議が開かれた。
　　そこで、1997年に京都議定書が提出された。
② [　] タタバンチュでは今回の地震により5,000人以上の死者が出た。
　　そこで、避難経路が分からなかったのである。
③ [　] 企業のデータ流出問題が続出している。
　　そこで、情報管理に関する法律が作られることになった。
④ [　] 熱帯雨林の消失は深刻な問題になっている。
　　そこで、具体的な対策は遅れている。
⑤ [　] 日本で生活する外国人は年々増加している。
　　そこで、だれでも理解できる案内標識が必要であろう。

【言葉】環境：environment　　国際会議が開かれた：an international conference was held　　京都議定書が提出された：the Kyoto Protocol was proposed　　今回の：this 〜　　死者が出た：deaths occurred　　避難経路：escape routes　　企業：corporation　　データ流出問題が続出している：data flow problems are appearing one after another　　情報管理：information management　　熱帯雨林の消失：the disappearance of rainforests　　深刻な：serious　　具体的な対策：concrete measures　　年々増加している：(they) are increasing year by year　　理解できる：can understand　　案内標識：informational signs

第3課 骨組みになる文章を書く

練習2 ☆発展　次の①〜④は「研究動機・背景」の文です。①〜④に合う研究目的の文は a〜d のうち、どれですか。[　] に記号を書いてください。

＊ザバーン海岸：実際には存在しません。

① 母国のザバーン海岸では1800年ごろ、津波によって大きな被害が出たと言われている。その津波は、日本海で起きた地震によって発生したものと考えられているが、正確な記録は残っていない。[　]

a そこで、本研究では、ザバーン海岸沿いに住む人々の意識調査を行い、速く確実に避難させる警報システムを考案することを目的とする。

② 津波によって家屋が壊れたり人命が奪われたりすることがあるにもかかわらず、実際には津波警報が出ていることを知っていても、すぐに避難しないケースが多い。[　]

b そこで、本研究では、ザバーン海岸沿いの住民を対象に調査を行い、家族構成、昼と夜の居場所、介護が必要な人の有無と介護の程度を把握することを目的とする。

③ 津波警報が出たらすぐに避難する必要があるが、高齢化が進んでいる地域においては、自分の力では避難できない人もいると考えられる。[　]

c そこで、本研究では、日本の資料をもとにシミュレーションを行い、ザバーン海岸に被害を与えた津波の特徴を明らかにすることを目的とする。

④ 母国のザバーン海岸は観光地として人気があり、外国人客も多い。しかし、今後数十年の間に大地震が起こると予測されており、津波が発生する可能性もある。[　]

d そこで、本研究では、だれが見てもすぐ分かるデザインとはどういうものかを追究し、ザバーン海岸の避難経路を示す標識を提案することを目的とする。

大森チューター

研究計画書の骨組みになる項目の、動機・背景と目的は「そこで」でつなぎます。

　　　🐟＝＝＝[そこで]＝＝＞🐟
　　　研究動機・背景　　　　研究目的
　　　現在の問題点　　　　　大学院でどこまで答えを探すか

3. ～うえで

【形】［V1 た形］うえで［V2］
【意味】［V1］てから［V2］する
V1・V2＝データを整理する／分析する／調査を行う／開発する　など
研究行動を表す言葉

例文
① 本研究では、地域住民にアンケートを行い、意識調査をしたうえで、道路建設の必要性について検討したい。
② 本研究では、日本における金融システムを分析したうえで、そのメリットとデメリットを整理することを目的とする。

【言葉】地域住民：area residents　　アンケート：a survey　　意識調査：an opinion survey　　道路建設の必要性：the necessity for road construction　　検討したい：(I) want to consider　　金融システムを分析した：(I) have analyzed the financial system　　メリットとデメリットを整理する：to classify pros and cons

練習☆発展　「～うえで」を使って、文を完成してください。

① 本研究では、A社とB社の情報伝達システムを＿＿＿＿＿＿＿＿＿＿＿＿＿＿＿＿＿＿＿

＿＿＿＿＿＿＿＿、両者の類似点と相違点を明らかにすることを目的とする。

② 本研究では、動物実験を行い、新薬Cの＿＿＿＿＿＿＿＿＿＿＿＿＿＿＿＿＿＿＿、

ヒトに対する臨床試験を実施する。

練習2☆発展　いっしょに使う言葉に注意しながら「～うえで」、「～を～とする」を使って、例のように研究目的の文の形に直して書いてください。

例）サムアツ国では生活スタイルの変化によってコンビニの需要が高まっているが、日本のようには普及していない。

> コンビニの店舗展開戦略　／　日本におけるコンビニの成功要因　／
> サムアツの環境　／　分析する　／　適応する　／　提案する

そこで、本研究では、日本におけるコンビニの成功要因を分析したうえで、サムアツの環境に適応したコンビニの店舗展開戦略を提案することを目的とする。

① 現在、サムアツ国において転職する若者が増加しており、企業にとっては大きな損失となっている。

> 対象　/　サムアツ国における企業の人材管理　/
> 22歳から30歳までの若者　/　転職の要因　/　提言を行う　/　調査する

そこで、本研究では、_____

_____

_____

_____

② 1980年代における高度経済成長によって、サムアツ国の自然環境は大きく変化した。自然環境の変化はサムアツ文学の代表である詩にも影響を与えたと考えられる。

> 環境の変化が詩に与えた影響　/　1970〜90年代の詩　/
> 自然に関する表現　/　対象　/　明らかにする　/　比較分析する

そこで、本研究では、_____

_____

_____

_____

大森チューター：どの言葉と、どの言葉をいっしょに使うかを意識するようにしましょう。また言葉と言葉をつなぐ助詞の使い方にも注意しましょう。

4. 疑問詞〜か

【形】疑問詞［Sが V 普通形］か
【使い方】［どのように／どのような〜か］を 明らかにする／調査する／分析する／考察する

例文

① a　サムアツ語の外来語は日本語のカタカナ語習得にどのように影響しているだろうか。
　　b　本研究では、(a)を明らかにすることを目的とする。

　　a＋b⇒本研究では、サムアツ語の外来語が日本語のカタカナ語習得にどのように影響している~~だろう~~かを明らかにすることを目的とする。

② 近年、サムアツ国では大手企業による不祥事が相次いで発生しており、不祥事が起きた後の企業の対応が課題になっている。

　　a　不祥事を起こした企業は、どのような対応をとるべきだろうか。
　　b　本研究では、企業の不祥事による消費者の行動の変化を調査・分析する。
　　c　本研究では、(b)のことをしたうえで、(a)について提言することを目的とする。

　　a＋b＋c⇒そこで、本研究では、企業の不祥事による消費者の行動の変化を調査・分析したうえで、不祥事を起こした企業がどのような対応をとるべき~~だろう~~かについて提言することを目的とする。

【言葉】外来語：foreign loanword　習得：acquisition　影響している：(it) is affecting　近年：in recent years　大手企業：major corporations　不祥事が相次いで発生しており、：scandals are occurring one after another　対応：response　課題になっている：(it) has become an issue　対応をとる：(they) respond　消費者の行動：consumer behavior　変化：change　調査・分析する：(I) study/analyze

疑問文を、それに対してどうするかを述べる文に変えるときは、次のことに気をつけましょう。
- 疑問文の中の「主語＋は」は「主語＋が」に換える
- 疑問文の中の「だろう」は削除する

第3課 骨組みになる文章を書く

練習 ☆発展　①のaとb、②のa〜cの文をそれぞれ1つの文にしてください。

① 近年、サムアツ国においては日本と同様、少子化が進んでおり、大学は学生を獲得するために、留学生の受け入れ対策を見直している。

　a　少子化問題は大学の留学生受け入れ対策にどのような影響を与えているのだろうか。
　b　本研究では、(a)を明らかにすることを目的とする。

そこで、本研究では、_____
_____
_____

② 現在、サムアツ国トコナツ市では人口の過密化が進み、住宅問題や交通問題が起きている。一方、東京は人口が多いにもかかわらず、狭い土地をうまく活用して都市を設計しており、今後のトコナツ市における都市計画のモデルになると考えられる。

　a　今後、トコナツ市はどのような都市計画を行うべきだろうか。
　b　本研究では、東京における都市計画を整理する。
　c　本研究では、(b)のことをしたうえで、(a)について提言を行うことを目的とする。

そこで、本研究では、_____
_____
_____

大森チューター：次のページに示すように、研究目的の文は、これまでに学んだ①の形式のほかに、②のような形式でも表すことができます。自分の研究目的を明確に表せる形式を考えて、書くようにしましょう。

STEP1 | 研究目的を書きましょう

| 形式① 本研究では~ことを目的とする |

本研究では、トヨタのロシアにおける経営移転について整理したうえで、ハレハレ自動車のサンクトペテルブルグ工場における部門間のコミュニケーションについて調査し、それが経営活動や業績に与える影響を明らかにすることを目的とする。

| 形式② 本研究の目的は~ことである |

本研究の目的は、トヨタのロシアにおける経営移転について整理したうえで、ハレハレ自動車のサンクトペテルブルグ工場における部門間のコミュニケーションについて調査し、それが経営活動や業績に与える影響を明らかにすることである。

問題 3 ☆発展　第2課 STEP1 の問題 13（p.49）で考えた研究課題を、研究目的の形にして書いてください。

✎ **執筆メモ 7**　ワークブック p.6 に進み、「研究目的」を書いてください。

第3課 骨組みになる文章を書く

STEP 2 研究動機・背景の内容と構成を考えましょう

研究動機・背景は、研究計画魚の背骨にあたり、頭である研究目的を支える部分です。論理性のある研究計画書を書くために、研究動機・背景では、どうしてその研究目的を設定したのかという理由を過不足なく説明するようにします。また、論理的な文章にするためには、**段落構成**や段落内の文と文の関係を考えることが大切なポイントです。

目的と動機・背景の内容の一致

問題1 ボンさんの研究目的の中で、研究動機・背景に説明を書く必要があると思う言葉に線を引いて、研究計画魚の頭の部分に例のように書き込んでください。(問題2の指示は次のページにあります。)

ボンさんの研究目的
そこで、本研究では、<u>トヨタのロシアにおける経営移転</u>について<u>社内会議体の構築およびコーディネーター制</u>の点から整理したうえで、ハレハレ自動車のサンクトペテルブルグ工場における部門間のコミュニケーションについて調査し、それが経営活動や業績に与える影響を明らかにすることを目的とする。

ボンさんの研究計画魚

- 1段落
- 3段落
- 6段落

問題1の例: トヨタ / 社内会議体の構築・コーディネーター制

問題2の例
- 2段落: トヨタはロシアへの経営移転に成功している。
- 5段落: トヨタは海外への経営移転に成功している。
- 4段落
- 7段落

STEP2 | 研究動機・背景の内容と構成を考えましょう

大森チューター

研究動機・背景には、なぜその研究目的にしたのかという理由を説明します。
研究動機・背景を書くときは
● 説明が足りない点はないか
● 不必要な説明が入っていないか
をよく確認してください。

目的（頭）と動機・背景（背骨）の内容の一致

問題 2　第1課 STEP3（p.10）のボンさんの研究計画書を見て、研究動機・背景の各段落（1〜7段落）の要点をまとめ、問題1の研究計画魚の背骨（動機・背景）の部分に例のように書いてください。そして、その内容が頭（研究目的）のどの部分と対応しているか確認してください。

大森チューター

論理性のある研究計画書を書くための最初のポイントは
● 1つの段落に1つの**トピック**を書く
● 「動機・背景」の内容と「研究目的」が対応している
ことです。動機・背景は、まず研究目的をよく見直し、説明が必要な部分をチェックして、どの段落にどの説明を書くか構成を考えてから書くようにしましょう。

北田教授

就業経験上の問題点や、卒業論文で残された課題を解決したいなど個人的な研究動機が具体的に述べられていると、研究への意志が強く伝わってきますね。逆に、本に書いてあるようなことや専門家なら誰でも知っていることばかりが書いてあるものは、研究としての**独自性**のなさと**研究意欲**のなさを感じてしまいます。

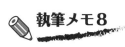
執筆メモ8　ワークブック p.7 に進み、「研究動機・背景に書く内容」を考えてください。

第1部

第3課　骨組みになる文章を書く

第3課 骨組みになる文章を書く

動機・背景にどんな内容を書くかおおまかな段落構成を考えたら、次は段落内の文と文のつながりを考え、文章の**論理展開**のしかたを具体的に決めていきます。論理性のある文章にするためには、どのような書き方をすればよいでしょうか。

段落内の文と文の関係

問題3 以下の文章は、ボンさんの研究計画書の動機・背景の部分をもとにしたものです。例のように、各文の表す内容をa〜dの中から選び、その記号を書いてください。

---

a 新聞やニュースで報道されている事実　　b 筆者の実体験
c 筆者の判断　　　　　　　　　　　　　　d 筆者の疑問

第1段落

〔例〕 a 〕ここ数年、石油価格の高騰により景気が低迷する中、産油国であるロシアの経済成長率は6％を超え、個人消費も拡大している。① [　　] 特に、高額な外国車の売れ行きが好調である。② [　　] 今後、ロシアの自動車市場には発展の可能性があると言えよう。

第2段落

③ [　　] 日本のトヨタ自動車は、2001年にロシアに輸入販売会社を設立した後、2003年には新車販売台数が外国車として初めて第1位になっている。④ [　　] トヨタ自動車は2005年にサンクトペテルブルグに生産能力5万台の現地工場の建設を開始、2007年には日本の自動車会社としては初のロシア現地生産がスタートした。⑤ [　　] トヨタ自動車は成功を収めつつあると言える。

第3段落

⑥ [　　] 母国サムアツのハレハレ自動車は、2003年にロシアでの輸入販売を開始したが、販売実績は日本やアメリカの自動車会社ほどではない。⑦ [　　] ハレハレ自動車が2009年に現地工場での製造を開始することを考えると、販売競争に勝つための方策が必要である。⑧ [　　] ハレハレ自動車がトヨタのように成功を収めるにはどうすべきであろうか。

78

第4段落

⑨［　］企業が自社の経営方式を海外に移転する場合、企業文化の相違は大きな課題となるだろう。⑩［　］私は大学時代にサムアツにあるおもちゃ会社の生産ラインで働いた経験があるが、部品調達部門とのコミュニケーションがうまくいっていなかったため、部品の納品が遅れたり、部品に欠陥があったときすぐに対応できず、ラインが止まってしまうという問題があった。⑪［　］異なる企業文化が共存する海外現地工場においては、部門間のコミュニケーションがさらに重要になると考えられる。

……

第7段落

⑫［　］ハレハレ自動車がロシアの企業文化を尊重しながら、自国の経営を移転するためには、異文化に属する従業員同士の部門間コミュニケーションが非常に重要であると言えよう。⑬［　］ハレハレ自動車がロシアに経営移転する際、海外への経営移転において成功を収めているトヨタの経験は大変参考になると思われる。

大森チューター

論理性のある研究計画書を書くための2つ目のポイントは、各段落の構成が基本的に

になっていることです。**事実**や**実体験**は、**筆者の判断**を支えるための**根拠**として挙げるものです。

北田教授

動機・背景にインターネットの記事や書籍で調べた事柄がただ並べて書いてある研究計画書をときどき見ます。しかし、私たちが見たいのは、それらの事実をどう分析し、どう判断しているか、つまり、独自の論理展開をしているかどうかなんです。

研究計画書には自分なりの判断を示すことが必要ですが、判断を述べるときはどのような表現を使うのか学びましょう。

筆者の判断を表す表現

1. ～と～られる

【形】[普通形] と 考えられる / 思われる / 予想される
【意味】（ある根拠に基づいて）筆者が～と 考える / 思う / 予想する

例文
① トヨタ自動車はロシアで成功していることから、ハレハレ自動車がロシアに経営移転する際、トヨタの経験は大変参考になると思われる。
② 企業文化が異なる海外の現地工場においては、部門間のコミュニケーションはさらに重要になると考えられる。

大森チューター

「私は～と考える／思う」は主観的な表現ですから、研究計画書では使わないようにしましょう。
研究計画書のように、ある根拠（事実・実体験）に基づいて客観的に判断を述べる必要のある文章では、
◎ （ある事実から当然）～と考えられる／思われる　とします。

2. ～である　／　～であろう　／　～のではないだろうか

【形】[N／A2＝必要／重要] である／[N／A2＝必要／重要] であろう
　　　[普通形／だ⇒な] のではないだろうか
【意味】（ある根拠に基づいて）筆者が～と 考える／思う

例文
① a 効率よく経営活動を行うためには、部門間のコミュニケーションが重要である。
　 b 効率よく経営活動を行うためには、部門間のコミュニケーションが重要であろう。
　 c 効率よく経営活動を行うためには、部門間のコミュニケーションが重要なのではないだろうか。

【言葉】効率よく：effectively　　経営活動：management　　部門間のコミュニケーション：interdivisional communication　　重要である：(it) is crucial

② a　ハレハレ自動車は低排出ガス車の開発において成功を収めたと言える。
　b　ハレハレ自動車は低排出ガス車の開発において成功を収めたと言えよう。
　c　ハレハレ自動車は低排出ガス車の開発において成功を収めたと言えるのではなかろうか。

【言葉】低排出ガス車：low-emission vehicles　　成功を収めた：(it) was successful

筆者の判断を表す表現は、確信の度合いによって使い分けます。
◉ 必要である
◉ 必要だと考えられる／必要だと言える／必要であろう／必要であると言えよう
◉ 必要なのではないだろうか／必要だと言えるのではなかろうか

判断の主体

問題 4　次のa〜cの3つの文の意味はどのように違いますか。考えてください。

　a　タタバンチュ国の経済成長の要因は、石油の輸出である。
　b　タタバンチュ国の経済成長の要因は、石油の輸出であると考えられる。
　c　タタバンチュ国の経済成長の要因は、石油の輸出であると考えられている。

【言葉】経済成長の要因：primary economic growth factor　　石油：petroleum

判断には、筆者の判断ではなく多くの人たちが一般的に広く考えていること、つまり、**第三者の判断**を示す表現もあります。
◉ 筆者の判断：〜られる／第三者の判断：〜られている

論理性のある研究計画書を書くための3つ目のポイントは、
◉ 自分の判断／その判断の根拠となる事実／第三者の判断
をはっきりと分けることです。

第3課 骨組みになる文章を書く

第三者の判断を表す表現

～と～られている

【形】[普通形] と 考えられている / 思われている / 予想されている /
言われている
【意味】第三者 / 多くの人たちが一般的に～と 考える / 思う / 予想する / 言う

練習1 次のa～cのうち使い方の正しいものを1つ選んで、○をつけてください。

① 今回筆者が行った調査の結果から、来年の経済成長は横ばいであることが（a 予想する　b 予想される　c 予想されている）。

② テレビゲームが今回の犯罪に影響を与えたと（a 思う　b 思われる　c 思われている）ようだが、テレビゲームと犯罪を単純に結びつけるべきではないだろう。

③ 一般的に飲酒はさまざまな病気の原因になると（a 考える　b 考えられる　c 考えられている）が、今回の実験から、適度の飲酒は心臓病のリスクを軽減させることが明らかになった。

【言葉】今回：this time　　筆者：author　　調査の結果：the results of a study　　経済成長は横ばいである：economic growth is stagnant　　予想する：to predict　　テレビゲーム：video games　　犯罪：crime　影響を与えた：(they) affected　　単純に結びつけるべきではない：(they) should not link hastily　　一般的に：generally　飲酒：alcohol consumption　　さまざまな：various　　実験：experiment　　適度の：moderate　心臓病：heart disease　　リスクを軽減させる：(it) reduces the risk　　明らかになった：(it) became clear

練習2 ☆発展　次の文章は「地球環境」に関して意見を述べたものです。使い方の正しいものをa～cの中から選んで、その記号に○をつけてください。（○は1つとはかぎりません。）

　　近年、地球環境のためにはリサイクルが重要であると（a 言える　b 言えよう　c 言われている）が、2005年の環境白書を見ると、ごみの排出量は1990年から（a 増え続けている　b 増え続けていると考えられる　c 増え続けているのではなかろうか）。このことから、地球環境を改善するために重視しなければならないのは、リデュース、つまりごみの（a 減量である　b 減量だと言える　c 減量だと言われている）。そのためには、1人ひとりの意識を変えていくことが（a 必要なのではないだろうか　b 必要だと考えられる　c 必要だと考えられている）。意識が変わらないかぎり、今後もごみは（a 増え続けていく　b 増え続けていくであろう　c 増え続けていくことが予想される）。

82

筆者と第三者の共通の判断を表す表現

「言える」が使えるのは、判断の根拠となる事実がはっきりしていて、だれでも自然に同じ判断に行き着く場合だけです。

> 例) AとBの重さを比べると同じであった。次にBとCの重さも同じであった。このことから、Aの重さとCの重さは同じであると言える。

「言える」はグラフや表などに示された数値から、判断を述べるときによく使われます。

～と言える

【形】［普通形］と言える
【意味】（数値などの客観的な根拠に基づいて）筆者はもちろんだれでも～と考える

練習 ☆発展　次の①～⑤の文の中で、「言える」が使えるのはどれですか。使えないときは、なぜ使えないのか理由も考えてください。

訪日旅行者数の国別推移

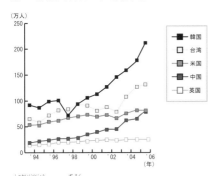

（社会実情データ図録 http://www2.ttcn.ne.jp/honkawa）

① このグラフから、急増している韓国人旅行者を今後も重視していくべきだと言える。
② このグラフから、韓国人旅行者が急増したのは、ウォン高の影響であると言える。
③ このグラフから、韓国人旅行者が増加した要因を調査する必要があると言える。
④ このグラフから、韓国人旅行者は近年急増しており、日本の観光業における重要性が高まっていると言える。
⑤ このグラフから、今後も韓国人旅行者は増加していくと言える。

 執筆メモ9　ワークブックp.8に進み、「動機・背景の各段落の構成」を考えてください。

第3課　骨組みになる文章を書く

STEP 3　研究動機・背景を書きましょう

段落構成を考えたら、「研究動機・背景」を文章にして書きましょう。ここでは、論理性のある文章を書くための接続詞の使い方や、「である体」に合った言葉・表現を学びます。

接続詞の重要性

問題 1　次の文章を読んで、気がついたことを挙げてください。

> Aの重さとBの重さは同じである。Bの重さとCの重さは同じである。Aの重さとCの重さは同じである。

大森チューター

文章とは、文と文をつないで、まとまりのある内容を表したものです。文が並んでいるだけで文と文の関係が分からないものは、まとまりがなく、文章とは呼べません。文と文の関係を明らかにするために、接続詞を使いましょう。動機・背景のように複数の段落で文章を構成するときは、文と文の関係だけでなく、段落と段落の関係を表すためにも接続詞を使います。これが論理性のある文章を書くための4つ目のポイントです。

接続詞の種類

問題 2　次の①と②はボンさんの書いた動機・背景の文章をもとにしたものです。文章の中にはどのような接続詞が使われていますか。□□□から選んで、[　]に入れてください。

> さらに　　一方　　したがって　　そのため

84

STEP3 研究動機・背景を書きましょう

① 日本のトヨタ自動車は、2001年にロシアに輸入販売会社を設立した後、2003年には新車販売台数が外国車として初めて第1位になっている。[   ]、2005年にサンクトペテルブルグに生産能力5万台の現地工場の建設を開始、2007年には日本の自動車会社としては初のロシア現地生産がスタートし、成功を収めつつあると言える。[   ]、母国サムアツのハレハレ自動車は、2003年にロシアでの輸入販売を開始したが、販売実績は日本やアメリカの自動車会社ほどではない。

② 私は大学時代にサムアツにあるおもちゃ会社、トイ・クモリンの生産ラインで働いた経験があるが、部品調達部門とのコミュニケーションがうまくいっていなかった。[   ]、部品の納品が遅れたり、部品に欠陥があったときすぐに対応できず、ラインが止まってしまうという問題があった。異なる企業文化が共存する海外現地工場においては、部門間のコミュニケーションがさらに重要になると考えられる。

[   ]、ハレハレ自動車がロシアの企業文化を尊重しながら、自国の経営方式を移転するためには、異文化に属する従業員同士の部門間コミュニケーションが非常に重要であると言えよう。

第1部

第3課 骨組みになる文章を書く

第3課 骨組みになる文章を書く

研究動機・背景でよく使う接続詞

1. また・さらに

> 【使い方】［文1＝事例］また［文2＝事例］さらに［文3＝事例］
> ＊「また」「さらに」の前の文と後ろの文は入れ替えても文章の意味が変わらない

例文
① ここ数年、タタバンチュ国は高い経済成長率を維持している。また、（タタバンチュ国は）世界有数の資源大国である。
② タタバンチュ国は世界有数の資源大国である。また、（タタバンチュ国は）ここ数年、高い経済成長率を維持している。さらに、（タタバンチュ国は）大規模な経済共同体EUと隣接しており、地理的にも重要である。

【言葉】ここ数年：in recent years　高い経済成長率を維持している：(it) has sustained rapid economic growth
世界有数の資源大国：one of the most resource-rich countries in the world　大規模な経済共同体：vast
trading bloc　隣接しており、：(it) borders (the EU), and　地理的：geographically　重要である：(it) is crucial

練習 ☆発展　「また」「さらに」の使い方に注意して、文章を完成してください。

日本では食糧問題を解決するために、政府が農家に対して補助金を出している。

また、＿＿＿＿＿＿＿＿＿＿＿＿＿＿＿＿＿＿＿＿＿＿＿＿＿＿＿＿＿＿＿。

さらに、＿＿＿＿＿＿＿＿＿＿＿＿＿＿＿＿＿＿＿＿＿＿＿＿＿＿＿＿＿＿。

2. （また・さらに）したがって

> 【使い方】［前提となる事実を表す複数の文］したがって［結論／判断／文章の
> まとめを表す文］

例文
　ここ数年、タタバンチュ国は高い経済成長率を維持している。また、世界有数の資源大国である。さらに、大規模な経済共同体EUと隣接し、地理的にも重要である。したがって、タタバンチュ国が世界経済に対して与える影響は今後大きくなると考えられる。

【言葉】与える影響：the effects produced　今後：in the future

86

STEP3 | 研究動機・背景を書きましょう

練習1 次の a ～ d の文を並べ替えて、文章を完成させてください。（答えは１つとはかぎりません。）

[　　]→また→[　　]→さらに→[　　]→したがって→[　　]

a　日本は e-ラーニングの教材が充実している。
b　日本には e-ラーニングに関する先行研究が数多くある。
c　携帯電話を使ったモバイル・ラーニングの研究には日本が最適だと考えられる。
d　携帯電話の通信技術が進んでいるのは日本である。

【言葉】e-ラーニング：e-learning　　教材が充実している：study materials abound　　先行研究：prior studies　数多く：many　　携帯電話：cellphone　　モバイル・ラーニング：mobile learning　　最適だ：(it) is optimal　　通信技術：telecommunications

練習2 ☆発展　「また」「さらに」「したがって」の使い方に注意して、文章を完成してください。

日本では、女性の高等教育機関への進学率の上昇にともなって、晩婚化が進んでいる。

また、＿＿＿＿＿＿＿＿＿＿＿＿＿＿＿＿＿＿＿＿＿＿＿＿＿＿＿＿＿＿＿＿＿＿＿＿。
さらに、子供を育てるための企業や社会の支援体制が十分整っていないこともあり、日本における少子化はますます深刻化し、大きな社会問題となっている。したがって、

＿＿＿＿＿＿＿＿＿＿＿＿＿＿＿＿＿＿＿＿＿＿＿＿＿＿＿＿＿＿＿＿＿＿＿＿＿＿＿。

3. さらに

【使い方】[文１＝ある状態] さらに [文２＝その状態が進む]
　　　　＊強調したいとき使う

例文

　　トヨタは、2001 年にロシアに輸入販売会社を設立し、2003 年に新車販売台数が外国車として初めて第１位になった。さらに、2005 年には初のロシア現地工場を建設した。

練習 ☆発展　「さらに」の使い方に注意して、文章を完成してください。

情報通信技術は 20 世紀に入り、大きく変化した。1930 年代にはアメリカでテレビ放送が始まり、70 年代にはパソコンの原型であるマイクロプロセッサーが開発された。さらに、＿＿＿＿＿＿＿＿＿＿＿＿＿＿＿＿＿＿＿＿＿＿＿＿が実用化されたのである。

第1部

第3課　骨組みになる文章を書く

87

4. そのため

【使い方】[文1＝原因/理由] そのため [文2＝今～状態になっている/結果になった]

例文
① 2000年にタタバンチュ国で深刻な水不足が起きた。そのため、米の収穫量が激減し、倒産する農家が増加した。
② タタバンチュ国では深刻な水不足が起きており、米の収穫量が激減している。そのため、政府は農家に対して補助金を出すことにした。

【言葉】深刻な水不足が起きた：a severe drought occurred　米の収穫量が激減し、：the rice harvest suffered dramatic losses, and　倒産する農家が増加した：farming operations went bankrupt　政府：government　補助金：financial support

練習 ☆発展　「そのため」の使い方に注意して、文章を完成してください。
① 原油価格が高騰を続けている。そのため、＿＿＿＿＿＿＿＿＿＿＿＿＿＿＿＿＿＿＿＿＿。
② ＿＿＿＿＿＿＿＿＿＿＿＿＿＿＿＿＿＿。そのため、原油価格が高騰を続けている。

大森チューター：研究計画書では、「～から」や「～ので」ではなく、「～ため」を使います。今の状態／結果を先に言って、後から、その原因／理由を挙げるときには、「～のは、～ためである」という形になります。

5. しかし（ながら）

【使い方】[文1/段落1] しかし（ながら）[文2/段落2＝1と反対の内容]
＊1より2のほうが重要

例文
① サムアツ国では、身分証を発行する際に指紋を採取する計画があった。しかし、プライバシー保護という観点から実施しないことになった。
② 外国人同士がビジネスでうまくコミュニケーションをするためには、文化の違いを理解することが重要である。しかしながら、日本人とタタバンチュ人の間のビジネスコミュニケーション研究は十分に行われてきたとは言えない。

STEP3 研究動機・背景を書きましょう

【言葉】身分証を発行する：to issue identification documents　　際：when 〜　　指紋を採取する：to take fingerprints　　プライバシー保護：privacy protection　　観点：perspective　　実施しない：(it) does not realize　　外国人同士：among foreigners　　ビジネス：business　　コミュニケーション：communication　　違いを理解する：to understand (the) differences　　重要である：(it) is crucial

練習　次の文章を3段落に分け、それぞれの段落のトピックを考えてください。また、a〜kのうち、どこに「しかし」が入るか考えてください。（分からない言葉があっても、意味を推測しながら読んでください。）

[a] 1945年ごろに日本で初めてアメリカシロヒトリが発見され、社会問題になった。[b] 公園の植木、街路樹などの葉を食い荒らしたからである。[c] アメリカシロヒトリはその名のとおり、アメリカ生まれの白いガで、アメリカから貨物に紛れて日本に入り込んだと考えられている。[d] アメリカシロヒトリは天敵のいない日本で爆発的に増えた。[e] 初めは、東京など限られた地域にしか見られなかったのに、わずか数年で全国に広がっていったのである。[f] アメリカシロヒトリの1匹の雌は、300〜800個の卵を産む。[g] それらの卵は虫や鳥などの捕食者によって食われなければ、数週間で成虫となり、再び300〜800個の卵を葉の裏に産みつける。[h] かつて異常に増えて人々を怖がらせたこのガも、昔ほどの異常発生は少なくなってきている。[i] 研究の結果、虫や鳥などによって、アメリカシロヒトリの幼虫のうち99.84%が食われて死んでいくことが明らかにされた。[j] 成虫になれるのは、わずか0.16%ということである。[k] 日本に入り込んだばかりのアメリカシロヒトリが爆発的に増えたのは、当時まだこの新参者をエサだと認識する捕食者が少なかったからなのである。
（栃内新・左巻健男編著「アメリカシロヒトリの異常発生」『ブルーバックス　新しい高校生物の教科書　現代人のための高校理科』講談社より一部改変）

大森チューター

A しかし B の文では、
◉ AとBは反対の内容
◉ Bのほうが言いたいこと（要点）
◉ 1つの段落に要点は1つ
つまり、論理的な文章を書くためには、「しかし」は1つの段落に1度しか使えないことが分かります。

第3課 骨組みになる文章を書く

6. 一方 / それに対して

【使い方】[文1/段落1]$\left\{\begin{array}{l}\text{一方}\\\text{それに対して}\end{array}\right.$[文2/段落2＝1と対比する内容]

＊1と2のどちらが重要とは言えない

例文

① 8月の東京は気温が非常に高い。また、湿度も高い。一方、1月の東京は非常に寒く、氷点下になることも多い。また、空気も乾燥している。

② ロシアは宇宙開発のため、1958年以降、月に探査機を着陸させることを目的としたルナ計画を行ってきた。それに対して、アメリカは1960年代に有人のアポロ計画で、人類による月への着陸に初めて成功した。

【言葉】気温：temperature　　湿度：humidity　　氷点下：below freezing　　乾燥している：(it) is dry
宇宙開発：space exploration　　以降：since ～　　探査機を着陸させる：to land a probe　　ルナ計画：the Luna Program　　1960年代：the 1960s　　有人のアポロ計画：the manned Apollo Program　　人類：human beings　　成功した：(they) achieved success

練習 ☆発展　「一方」の使い方に注意して、文章を完成してください。

日本においては、現在でも多くの企業が年功序列制を採用している。一方、＿＿＿＿＿＿

＿＿＿＿＿＿＿＿＿＿＿＿＿＿＿＿＿＿＿＿＿＿＿＿＿＿＿＿＿＿＿＿＿＿＿＿＿＿＿。

では、今までに学んだ接続詞を実際の研究計画書でどのように使ったらいいか確認しましょう。

接続詞のまとめ

問題3 ①は情報通信系、②は法学系の研究計画書の動機・背景の一部です。□□□から適当な接続詞を選び、[　　]に書いてください。（答えは1つとはかぎりません。）

また　　さらに　　したがって　　そのため　　しかしながら　　一方

① 日本とタタバンチュ国の携帯電話会社のシステムは異なる点が多い。例えば、日本では、新しく電話機を購入しようとする際は無料の場合が多く、後は毎月基本料金を払うシステムになっている。[　　　　]、携帯会社は一度契約すれば、継続的な利益が得

90

られ、利用者の面倒な手続きもない。[　　　]、タタバンチュ国の場合、電話機を購入するためにお金がかかる。[　　　]、電話を購入したからと言って会社と契約したことにはならない。[　　　]、利用者は自由に会社を変えられるが、手続きが複雑である。このように、日本とタタバンチュのシステムにはメリットもデメリットもある。[　　　]、それらを整理し、よりよいシステムのあり方を検討する必要がある。

【言葉】携帯電話会社のシステム：cellular communications company systems　　異なる：to differ　　電話機を購入しようとする際：when going to purchase a new telephone　　無料：free　　基本料金：basic fee　　契約すれば、：(once) a contract has been made,　　継続的な利益が得られ、：continuous profits are received, and　　利用者の面倒な手続き：procedures tedious to the user　　メリット：advantages　　デメリット：disadvantages　　整理し、：(I) classify (these), and　　よりよい：better　　あり方を検討する：to consider what (a better system) might look like

② 日本においては1990年代からバブル経済の崩壊によって地価が下落し、企業の持つ不動産に対する信頼は低下した。[　　　]、不動産に代わって、企業の動産を利用することを目的として、2004年に新しい動産制度が設置された。[　　　]、この新制度にも問題がないとは言えない。例えば、…（中略）。[　　　]、サムアツ国では近年、不動産の価格が上昇しており、90年代の日本と同様、バブル崩壊のおそれがある。[　　　]、日本における新制度の見直しをすることによって、その経験をサムアツ国における動産制度の設置に役立てることができると考えられる。

【言葉】1990年代：the 1990s　　バブル経済の崩壊：collapse of the bubble economy　　地価が下落し、：land prices fell, and　　企業：corporations　　不動産：real estate　　信頼は低下した：trust fell　　動産：movable property　　制度が設置された：a system was instituted　　新制度：new system　　近年：(in) recent years　　価格が上昇しており、：prices have risen, and　　同様：similar　　見直しをする：to review　　役立てる：(it) can be of use

大森チューター

論理性のある研究計画書を書くための4つのポイントをまとめます。
◉ 研究目的と動機・背景の内容が対応している
◉ 1段落に1トピック
◉ 事実と判断を区別して書く　　◉ 接続詞を適切に使う

執筆メモ 10　ワークブック p.9 に進み、研究動機・背景の「段落と段落、文と文のつながり」を考えてください。

最後に、研究動機・背景を書くときによく使う言葉と表現を学びましょう。研究計画書で使う「である体」に合った**書き言葉**を選択することも大切です。

第3課 骨組みになる文章を書く

動機・背景で使う言葉・表現

問題4 ボンさんの書いた動機・背景ではどのような言葉・表現が使われていましたか。□から適当なものを選んで[ ]に入れてください。

低迷する	拡大している	収めつつある	高騰	ここ数年
際	相違	さらに	非常に	異なる

[　　　　]、石油価格の[　　　　]により景気が[　　　　]中、産油国であるロシアの経済成長率は6%を超え、個人消費も[　　　　]。特に、高額な外国車の売れ行きが好調である。
　その中で、日本のトヨタ自動車は2005年にサンクトペテルブルグに現地工場の建設を開始、2007年には日本の自動車会社としては初のロシア現地生産がスタートし、成功を[　　　　]と言える。
　企業が自社の経営方式を海外に移転する場合、企業文化の[　　　　]は大きな課題となる。そのため、[　　　　]企業文化が共存する海外現地工場においては、国内工場に比べて、従業員同士のコミュニケーションが[　　　　]重要になると考えられる。
　したがって、ハレハレ自動車がロシアへの経営移転に成功するためには、ロシア人とサムアツ人のコミュニケーションが[　　　　]重要であると言えよう。その[　　　　]、ロシアへの経営移転において成功を収めているトヨタの経験は大変参考になると思われる。

大森チューター：動機・背景には時間の経過や、それによる変化を表す言葉・表現がよく使われます。代表的なものをまとめたので、使い方を確認してください。

時を表す言葉

問題⑤ ☐の中から、適当な言葉を選んで［　］に入れてください。

> 際　　近年　　年々　　従来　　今後

［　　　　］サムアツ国では日本語学習者が増えてきた。しかしながら、サムアツにおける［　　　　］の外国語教育は読み・書きが中心で、コミュニケーションができるようにならないという問題がある。日本との貿易量が［　　　　］増している現在の状況から考えると、日本語によるコミュニケーションは［　　　　］さらに重要になると考えられる。その［　　　　］、日本におけるコミュニケーションを中心にした教育方法は大変参考になるだろう。

【言葉】学習者：learners　　外国語教育：foreign language education　　中心：the focus　　コミュニケーション：communication　　貿易量：trade volume　　増している：increasing　　現在の状況：the present situation　　重要になる：to become crucial　　参考になる：to serve as a useful reference

大森チューター

時を表す言葉の意味を確認しましょう。
- ここ数年来／近年＝（過去から今まで変化してきた）
- 年々＝（毎年変化している）　　● 現在＝（今）
- 従来＝（今まで）　　● 今後＝（これから）
- ～際＝（～とき）　　● 昨今＝（最近）

変化を表す言葉

問題6 変化を表す動詞はいっしょに使える言葉が決まっている場合が多いです。いっしょに使う言葉を調べて、どんなグループの言葉か特徴を考えてください。また、反対の動詞を調べて［　］に書いてください。（自分の研究計画書に必要な言葉を中心に調べてください。）

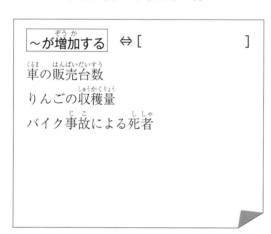

〜が増加する ⇔ [　　　　　]
車の販売台数
りんごの収穫量
バイク事故による死者

〜が上昇する ⇔ [　　　　　]
地球の気温
出生率
内閣の支持率

物価
株価
｝が上昇する ⇔ [例) 下落する]

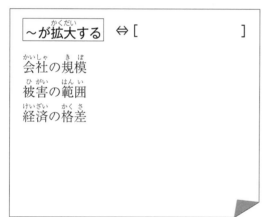

〜が拡大する ⇔ [　　　　　]
会社の規模
被害の範囲
経済の格差

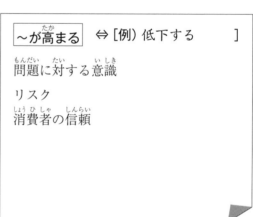

〜が高まる ⇔ [例) 低下する]
問題に対する意識
リスク
消費者の信頼

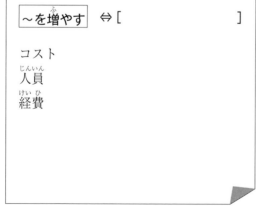

〜を増やす ⇔ [　　　　　]
コスト
人員
経費

変化を表す表現

1. ~にともなって / ~にともない / ~とともに / ~にしたがって / ~につれて

【形】[変化1＝変化V 辞書形／N] { にともなって／にともない／とともに／にしたがって } [変化2]
　　　[変化1＝変化V 辞書形] につれて [変化2]
【意味】ある変化が起きた影響で、もう1つの変化が起きている／起きた

例文
① 原油価格の高騰にともない、水素エネルギーへの期待が高まっている。
② 先行研究では、日本の小学生は学年が上がるにしたがって読書数が減少することが明らかにされている。
③ 近年、外来種のカエルが急増するとともに、日本の固有種が激減している。

【言葉】原油価格：oil prices　　水素エネルギー：hydrogen energy　　期待が高まっている：expectations have risen　　先行研究：prior studies　　学年が上がる：(their) grade level increases　　読書数が減少する：the amount (they) read falls　　明らかにされている：(it) was clarified　　外来種：foreign species　　カエルが急増する：(the number of) frogs rapidly increases　　固有種が激減している：indigenous species have decreased dramatically

練習 ☆発展　「変化を表す表現」を使って、文を完成してください。

① ＿＿＿＿＿＿＿＿＿＿＿＿＿＿＿＿＿＿＿＿にともない、大気汚染による被害が拡大している。

② バイオビジネスの発展に＿＿＿＿＿＿＿＿＿＿＿＿＿＿＿＿＿＿＿＿＿＿＿＿＿＿。

第3課 骨組みになる文章を書く

2. ～一方だ

【形】［変化V 辞書形］一方だ
【意味】変化が止まらないで進み、反対の変化が起きる可能性が見えない
　　　　＊よくないことが多い

例文
① 核の開発をめぐって、両国の緊張は高まる一方である。
② 近年、地域間の経済格差は拡大する一方で、政策に対する不満も大きい。

【言葉】核：nuclear　　両国：both countries　　緊張は高まる：tension rises　　地域間：between regions
経済格差は拡大する：the economic gap widens　　政策：government policy　　不満：dissatisfaction

練習 ☆発展　「～一方だ」を使って、文を完成してください。

① 景気の悪化により、雇用への不安は＿＿＿＿＿＿＿＿＿＿＿＿＿＿＿＿＿＿＿＿。

② 世界の人口は＿＿＿＿＿＿＿＿、今世紀中には100億人を突破すると見込まれている。

3. ～てきた

【形】［変化V て形 / 継続する動作のV て形］きた
【意味】今まで変化が続いていた

例文
① 食生活の欧米化にともなって、がんになる人の割合が高くなってきたと言われている。
② 従来行われてきた森林保護政策は本当に効果があったと言えるであろうか。

【言葉】食生活の欧米化：the Westernizing of eating habits　　がん：cancer　　森林保護政策：forest conservation
policy　　効果：effective

練習 ☆発展　「～てきた」を使って、文を完成してください。

① 1991年から2001年まで日本のODAは世界第1位であったが、それ以降、政府は

ODA予算を毎年数パーセントずつ＿＿＿＿＿＿＿＿＿＿＿＿＿＿＿＿＿＿＿＿。

② これまで日本は輸出により＿＿＿＿＿＿＿＿＿＿＿＿＿＿＿＿＿＿が、引き続く

円高により、海外への輸出量は激減すると見られている。

96

4．～ていく

【形】［変化Ⅴ て形 / 継続する動作のＶ て形］いく
【意味】これから変化が進むだろう

例文

① 成果主義が浸透するにつれて、転職する人は今後も増加していくと予想される。

【言葉】成果主義が浸透する：performance-based salary systems become widespread　　転職する：to change (their) job　　予想される：(it) is predicted

② 近年、ゲームソフトは技術の高度化にともなって開発費が増大する一方であり、新たなソフト開発はリスクが高い。そのため、ソフトメーカーは従来のビジネスモデルを転換していく必要があると考えられる。

【言葉】ゲームソフト：video games　　技術の高度化：rapid technological advancement　　開発費が増大する：development costs increase　　新たな：new　　リスク：risk　　メーカー：maker　　ビジネスモデルを転換していく：(they) will change (their) business model

練習 ☆発展　「～ていく」を使って、文を完成してください。

① コンビニやスーパーでレジ袋を廃止することによって、消費者の環境問題に対する意識は＿＿＿＿＿＿＿＿＿＿＿＿＿＿と考えられる。

② 日本が食料自給率を上げるためには、＿＿＿＿＿＿＿＿＿＿＿＿＿＿＿＿必要があるだろう。

動機・背景で使う言葉・表現のまとめ

問題 7　次の□は商学系の研究計画書の動機・背景です。［　］の中の言葉や表現で正しいものを選んでください。（1つとはかぎりません。）また、3つの□はそれぞれ研究目的のどの部分を説明したものかを考えて、線で結んでください。

カイ国における中小電子部品企業の経営戦略
―日本の経営戦略を参考に―

私はカイ国の電子部品企業で働いていた。そのとき、製品開発や納入期限の遅れという問題が①[あった あったと言われている あったのではないだろうか]。②[したがって しかし また]コスト管理が悪く、価格が高いという問題があった。このIT時代において効率を③[上げてきた 上げていく 上げつつある]ことは大変④[重要である 重要になる一方である 重要であろう]。

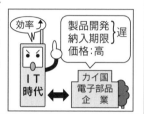

カイ国の電子部品企業には少数の大企業と、多くの中小企業がある。大手企業はM&Aを行い垂直統合や水平統合といった経営戦略を進めた結果、規模を⑤[増加 増大 拡大]してきた。⑥[さらに それに対して 一方]資金も労働力も少ない中小企業は、倒産するケースも⑦[増えつつある 増えてきた 増えていく]。⑧[したがって しかしながら さらに]、多くの中小電子部品企業が垂直統合や水平統合⑨[によって にとって において]どのような影響を受けているかを考える必要があると⑩[言える 考えられる 考えられている]。

研究目的
そこで、本研究では、日本とカイ国における電子部品企業の垂直統合と水平統合がもたらした影響を整理したうえで、カイ国の中小電子部品企業のための有効な経営戦略を考案することを目的とする。

日本はIT産業⑪[によって にとって において]アジアの先駆け的存在である。⑫[また 一方 したがって]垂直統合や水平統合が行われてきたにもかかわらず、中小部品企業もうまく共存している。⑬[さらに したがって そのため]日本⑭[における による に対する]中小部品企業の経営戦略はカイ国⑮[にとって によって に対して]参考になると⑯[思われる 思われている 思うのではないだろうか]。

【言葉】中小電子部品企業：small-and medium-sized electrical component manufacturers　経営戦略：business strategy　参考に：as a reference point　垂直統合：vertical integration　水平統合：horizontal integration　もたらした影響：the effects produced　整理した：(I) have classified　有効な経営戦略を考案する：to develop an effective business strategy　製品：product　納入期限：delivery deadlines　コスト管理：cost management　価格：price　効率を上げる：to improve efficiency　重要である：(it) is crucial　少数の大企業：a small number of large corporations　多くの中小企業：many small-and medium-sized companies　大手企業：major corporations　結果：results　規模：scale　資金：funds　労働力：labor capacity　倒産するケース：instances of bankruptcy　影響を受けている：(they) are being affected　IT産業：the IT industry　先駆け的存在：a pioneer　共存している：(they) are coexisting　参考になる：to serve as a useful reference

執筆メモ11　ワークブックp.10に進み、研究動機・背景を書くのにふさわしい「言葉・表現の使い方」を考えてください。

STEP 4　研究意義を書きましょう

　骨組みになる文章を完成するための最後の項目は「研究意義」です。研究意義にはどのような内容を書くのでしょうか。また、研究意義を書くときには、どのような表現や言葉を使うでしょうか。

　次は、第2課でボンさんが書いた研究計画書の研究目的と研究意義の部分です。この2つを読んで、以下の問題1と2に答えてください。

ボンさんの研究目的
そこで、本研究では、トヨタのロシアにおける経営移転について社内会議体の構築およびコーディネーター制の点から整理したうえで、ハレハレ自動車のサンクトペテルブルグ工場における部門間のコミュニケーションについて調査し、それが経営活動や業績に与える影響を明らかにすることを目的とする。

ボンさんの研究意義
本研究＿＿＿＿＿＿、ハレハレ自動車がロシアへの経営移転を成功させ、
　　　　［が　きっかけで］
現地事業における競争に打ち勝つための参考に＿＿＿＿＿＿＿＿と思う。
　　　　　　　　　　　　　　　　　　　　　　［なったらいいなあ］

研究意義で使う表現

問題 1　＿＿に適当な表現を入れて、研究意義の文を完成させてください。

研究意義に書く内容・研究目的との関係

問題2

① ハレハレ自動車がロシアへの経営移転に成功したり、ロシアでの競争に打ち勝つことは、ボンさんの大学院での研究によって実現できると思いますか。

② ボンさんが大学院の研究で実現できること（研究のゴール）は何ですか。

大森チューター

- 研究目的
  大学院在学中に何についてどこまで答えを探すか
- 研究意義
  ・大学院での研究目的が達成できたら、それをどのように社会に応用できるか
  ・大学院での研究目的が達成できたら、研究分野にどのような貢献ができるか

研究目的に合った研究意義

問題3 下の ☐ は商学系の研究計画書の研究目的です。この研究目的の意義として適当なものを下の①～⑤から1つ選んで [　] に○をつけてください。

カイ国における中小電子部品企業の経営戦略
—日本の経営戦略を参考に—

研究目的

本研究では、日本とカイ国における電子部品企業の垂直統合と水平統合が与えた影響を整理したうえで、カイ国の中小電子部品企業のための有効な経営戦略を考案することを目的とする。

STEP4 | 研究意義を書きましょう

研究意義

① [　] それにより、日本とカイ国の経済交流や文化交流に貢献できればと思う。

② [　] それにより、カイ国の中小電子部品企業にとって効果的な経営戦略を考案できればと思う。

③ [　] それにより、カイ国のIT企業全体の国際競争力を高め、カイ国の経済発展に貢献できればと思う。

④ [　] それにより、カイ国の中小電子部品企業がIT産業界で存続していくための参考になればと思う。

⑤ [　] それにより、カイ国の中小電子部品企業に就職し、日本語力を生かした仕事ができればと思う。

【言葉】中小電子部品企業：small-and medium-sized electrical component manufacturers　　経営戦略：business strategy　　参考に：as a reference point　　垂直統合：vertical integration　　水平統合：horizontal integration　　与えた影響：the effects produced　　整理した：(I) have classified　　有効な経営戦略を考案する：to develop an effective business strategy　　経済交流：economic exchange　　貢献できればと思う：(I) hope (it) can contribute　　効果的な：effective　　国際競争力を高め、：to raise (their) international competitiveness, and　　経済発展：economic development　　IT産業界で存続していく：to continue to exist in the IT manufacturing sector　　参考になればと思う：(I) believe (this reseach) will provide useful knowledge　　就職し、：to find work, and　　日本語力を生かした：to utilize (their) Japanese (language) ability

北田教授

研究意義を書くときは、次のことに気をつけてください。
◉ 研究意義が研究目的を達成した結果として得られるものになっているか
◉ 研究意義と研究目的に同じことを書いていないか
◉ 研究意義が夢のように大きすぎないか
◉ 研究意義が個人の利益になっていないか

目的（頭）と意義（しっぽ）の
つながり・バランスが大切

研究意義でよく使う表現

それ/本研究によって〜ばと思う

【形】［研究目的］それ/本研究によって［V　ば形］と思う
　　　　V＝参考になる/貢献できる　など

【意味】研究成果が社会や研究分野のために {参考になれば/貢献できれば} いいなあと思う。

【例文】
　そこで、本研究では、ハレハレ語を母語とする日本語学習者を対象にアスペクト「しない」と「していない」を習得する際の問題点を明らかにすることを目的とする。<u>本研究により、今後、ハレハレ人学習者の日本語習得に関する研究の促進につながればと思う</u>。

【言葉】母語：(their) native language　　学習者：learners　　対象：(research) subjects　　アスペクト：(grammatical) aspect　　習得する：to acquire　　促進につながればと思う：(I) hope (it) may contribute to the promotion (of)

大森チューター

研究意義の文は、ここで学んだ形式のほかに、次のページの②のような形式で書くこともできます。
「〜ばと思う」という表現は、自分の希望を表すもので、大学院の先生に送るメールでもよく使います。先生へのメールの書き方は、第3部STEP2（p.203〜205）で学びます。

形式① 本研究によって〜ばと思う

本研究では、高齢者の心身の健康増進につながり、かつ、機能・デザインともに高齢者のニーズに即した玩具の開発を目的とする。本研究によって、進みつつある高齢社会において、高齢者が生き生きと余暇を過ごせるようになればと思う。

形式② 本研究の成果を〜よう（に）〜たい

本研究では、高齢者の心身の健康増進につながり、かつ、機能・デザインともに高齢者のニーズに即した玩具の開発を目的とする。本研究の成果を、進みつつある高齢社会において、高齢者が生き生きと余暇を過ごせるよう役立てたい。

【言葉】高齢者：senior citizens　　心身：body and mind　　健康増進につながり、：(it) is connecting with the promotion of good health,　　かつ：and　　機能：function　　デザイン：design　　ニーズに即した：to adapt to (someone's) needs　　玩具：toys　　高齢社会：aging society　　生き生きと余暇を過ごせる：(they) can use their free time to the fullest　　役立てたい：(I) would like (it) to be of use

問題 4 ☆発展　STEP1の問題3（p.75）で「依頼場面における日本語とカイ語の談話展開－発話数と発話機能の差に注目して－」を研究の卵として書いた研究目的に合うように、研究意義の文を書いてください。

執筆メモ12　ワークブックp.10に進み、「研究意義」を書いてください。

第3課 骨組みになる文章を書く

第 3 課 の ま と め

質問

1. 研究計画魚の頭になる「研究目的」には、どんな内容を書きますか。

2. 研究計画魚の背骨になる「研究動機・背景」には、どんな内容を書きますか。

3. 研究動機・背景を論理性のある文章にするために注意しなければならない４つのポイントは何ですか。

4. 研究計画魚のしっぽになる「研究意義」には、どんな内容を書きますか。

重要な言葉

- □ ①接続詞
- □ ②段落構成
- □ ③トピック
- □ ④（研究としての）独自性
- □ ⑤研究意欲
- □ ⑥（文章の）論理展開
- □ ⑦事実
- □ ⑧筆者の判断
- □ ⑨（判断の）根拠
- □ ⑩主観的
- □ ⑪客観的
- □ ⑫第三者の判断
- □ ⑬書き言葉

第4課

骨組みになる文章に先行研究を引用する

STEP 5
参考文献リストを作る

STEP 4
研究論文を読む

STEP 3
白書・研究論文を検索する

STEP 2
引用のしかたを学ぶ

STEP 1
骨組みになる文章に必要な根拠を考える

第4課 骨組みになる文章に先行研究を引用する

STEP 1 骨組みになる文章に必要な根拠を考えましょう

　第4課で書いた動機・背景の部分には、その研究を行う理由を書きました。そして、自分の判断の根拠として、実体験や一般的な事実を挙げましたが、第4課では判断の根拠として先行研究を入れ（先行研究の**引用**と言います）、研究計画書の骨組みに**肉付け**をします。なぜ、先行研究を引用するのか、どうやって引用するのかを学びましょう。

先行研究を引用する目的

　次のAとBの2つの文章は、ボンさんが書いた動機・背景の一部です。これを読んで以下の問題に答えてください。

ボンさんの研究動機・背景

A　ここ数年、石油価格の高騰により景気が低迷する中、産油国であるロシアの経済成長率は6％を超え、個人消費も拡大している。特に、高額な外国車の売れ行きが好調である。

B　ここ数年、石油価格の高騰により景気が低迷する中、産油国であるロシアの経済成長率は6％を超え、個人消費も拡大している。特に、高額な外国車の売れ行きが好調で、「ロシアの乗用車市場では外国車のシェアが急拡大しており、2006年には、輸入車・現地生産車を合わせた外国ブランドのシェアが半分までを占めるようになった」（三菱UFJリサーチ＆コンサルティング調査部, 2007）ということである。

問題1　2つの文章の違う部分に下線を引いてください。

問題2　AとBでは、読んだ人が受ける印象はどのように違うでしょうか。

STEP1　骨組みになる文章に必要な根拠を考えましょう

大森チューター

動機・背景に書いた自分の判断が正しいものであることを示すためには、実体験や一般的に知られている事実を挙げるだけでなく、さらに客観的な根拠が必要です。客観的な根拠になるのは、
● 研究雑誌に掲載されている論文
● 政府が発行する白書
● 企業のオープンデータ
など公的に認められたものです。

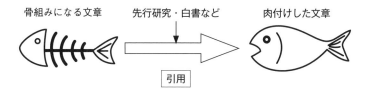

では、判断と客観的根拠の関係について考えましょう。

判断と客観的根拠の対応

次の文章は、観光学系の研究計画書の一部です。これを読んで、以下の問題に答えてください。＊サムアツ・ディズニーランド：実際には存在しません。

東京ディズニーランドとユーロ・ディズニーランドの成功要因および失敗要因
―文化的背景の観点から―

研究動機・背景
　2011年にサムアツ国アメフラン島に、世界で6番目のディズニーランドが開園する。ディズニーランドの誘致は、バブル経済の崩壊によって打撃を受けたサムアツの経済を復活させるための重要なプロジェクトであるが、それを成功させるためには、今後乗り越えねばならない課題があると思われる。

【言葉】成功要因: success factor　および: and　失敗要因: factor contributing to failure　文化的背景の観点から: from the perspective of cultural background　開園する: to open (a theme park)　誘致: attraction　バブル経済の崩壊: the collapse of the bubble economy　打撃を受けた: was hit hard　経済を復活させる: to reinvigorate the economy　重要なプロジェクト: important project　成功させる: to make a success　乗り越えねばならない課題: problems that must be overcome

問題3の例）東京ディズニーランドはディズニーシーと合わせて、2003年度に過去最大の入園者数25,473,000人を記録する（オリエンタルランド，2004）など問題4の例） 成功を収めており 、その成功要因を探ることは、同じアジアに誘致されるサムアツ・ディズニーランドへの参考となると考えられる。一方で、フランスのパリにあるユーロ・ディズニーランドは経営難に陥っており、その要因を分析することも必要であろう。

　能登路（1990）が「日本人の外国文化に対する貪欲な好奇心も、ディズニーにとっては幸いし」、「東京ディズニーランドという擬似アメリカ世界が東京湾に出現したとき、日本の庶民の大半は、それを文化的脅威だとは感じなかった」というように、日本人がアメリカ的なディズニーの運営理念を好意的に受け入れたために、東京ディズニーランドは成功を収めることができたと言える。

　一方、ユーロ・ディズニーランドが経営難に陥った要因として、滑川（1995）は、フランスでは知的刺激のあるものが好まれ、余暇は個人が独自に過ごすものであると考えられており、人と同じことをすることは、むしろ軽蔑されるということを挙げている。また、能登路（1990）も個人主義の濃厚なフランスにおいて、ディズニーランドの権威がどこまで通用するかは疑問であると述べている。したがって、ユーロ・ディズニーランドが成功できなかったのは、文化的背景が壁になり、アメリカ文化を受け入れられなかったことにあると考えられる。

研究目的

　そこで、本研究では、文化的背景の相違という観点から、東京ディズニーランド、ユーロ・ディズニーランドにおける成功要因および失敗要因を明らかにし、サムアツ・ディズニーランドの成功に向けて提言を行うことを目的とする。

参考文献

　オリエンタルランド（2004）「入園者数の統計」（http://www.olc.co.jp）（2004年5月
　　28日取得）

滑川憲一（1995）「在仏3年のミッキー－経営不振に陥ったディズニーランド・パリ」『レ
　ファレンス』45（3），pp.67〜72，国立国会図書館調査及び立法考査局

能登路雅子（1990）『ディズニーランドという聖地』岩波書店

108

STEP1　骨組みになる文章に必要な根拠を考えましょう

【言葉】合わせて、：together with (it),　2003年度：[fiscal year] 2003　過去最大の入園者数：largest number of (park) visitors ever　記録する：to record　成功を収めており、：(they) have achieved success, and　成功要因を探る：to investigate factors contributing to (its) success　誘致される：to be attracted (to)　参考となる：(it) will be a valuable reference　一方で：at the same time　経営難に陥っており、：(it) has fallen into financial difficulties, and　要因を分析する：to analyze the causes　貪欲な好奇心：eager curiosity　幸いし(た)：(it) was lucky　擬似：pseudo-　東京湾に出現した：(it) appeared in Tokyo Bay　庶民の大半：most ordinary people　文化的脅威：cultural threat　感じなかった：(they) did not feel　アメリカ的な：American　運営理念を好意的に受け入れた：(they) have responded positively to (this) business philosophy　知的刺激：intellectual stimulation　好まれ、：(they) are preferred, and　余暇：leisure　個人が独自に過ごす：people do things individually　むしろ軽蔑される：(it) is rather disdained　（例として）挙げている：(he) raises (as an example)　個人主義の濃厚な：strongly individualistic　権威：authority　通用する：to be accepted　疑問である：(it) is doubtful　述べている：(she) states　文化的背景が壁になり、：cultural background becomes a barrier, and　アメリカ文化を受け入れられなかった：(they) did not accept American culture

問題3　例のように、引用部分に下線を引いてください。例以外に、引用箇所はいくつありますか。

問題4　問題3のそれぞれの引用文は、どんな判断の根拠として挙げているのでしょうか。例のように、引用文に対応する判断の部分を□で囲んでください。

北田教授　研究計画書を見るときは、個人的な研究動機や独自の論理展開があるかどうかを重視しますが、それらの判断の客観的な根拠となる先行研究や数値データが引用され、きちんと裏づけされていることも重要です。自分が研究計画書に述べた判断にはどんな根拠が必要かよく考えて、判断の根拠としてふさわしい先行研究や、白書などに掲載されている**数値データ**を探してください。

第4課　骨組みになる文章に先行研究を引用する

109

第4課 骨組みになる文章に先行研究を引用する

動機・背景に必要な客観的根拠

問題5 ①～③のボンさんの判断の裏づけとして必要な根拠は、ⓐ～ⓒのうちどれですか。また、ボンさんが実際に引用した資料は、⑦～⑰のうちどれでしょうか。答えを[ ]に書いてください。

ボンさんの判断

①ロシアでは外国車の売れ行きが好調である。

②ハレハレ自動車がロシアで成功するためには、サムアツ人とロシア人の部門間コミュニケーションが重要であろう。

③海外の経営移転に成功しているトヨタの経験は、ハレハレ自動車がロシアで成功するための参考になるだろう。

必要な根拠

ⓐ企業の実績と部門間コミュニケーションの関連性について述べた先行研究

ⓑロシアの外国車の販売実績を表す数値データやロシアの経済白書など

ⓒトヨタの海外進出の実績を表す数値データや先行研究

引用した資料

⑦ロシアの乗用車市場では外国車のシェアが急拡大しており、2006年には、輸入車・現地生産車を合わせた外国ブランドのシェアが半分までを占めるようになった。(三菱UFJリサーチ＆コンサルティング調査部, 2007)

①まして発想・文化の異なる海外への移転は困難をともなう。その海外において立ち上がった工場が確実に品質・原価・生産量の計画を達成していることはトヨタ式移転モードが有効に機能していることを示している。(平賀, 2006)

⑰会社のパフォーマンスを引き上げるには調達・生産・販売計画を決定する部門間調整会議が不可欠であった。(平賀, 2005)

判断	必要な根拠	引用資料
① －	[ ] －	[ ]
② －	[ ] －	[ ]
③ －	[ ] －	[ ]

✎ 執筆メモ13 ワークブックp.11に進み、「自分の判断を支えるために必要な根拠」を考えてください。また、「引用する先行研究やデータ」を具体的に考えてください。

110

STEP 2 引用のしかたを学びましょう

自分の判断の根拠として、研究計画書に先行研究や数値データを引用するときには、決まった形式があります。ボンさんの研究計画書の引用のしかたを見てみましょう。

次のA〜Cの引用文はボンさんの研究計画書の「動機・背景」に出てくる文をもとにしたものです。それぞれの引用文にはどのような特徴があるでしょうか。以下の問題1と2に答えてください。

ボンさんの動機・背景の引用文

A 平賀（2005）は「会社のパフォーマンスを引き上げるには調達・生産・販売計画を決定する部門間調整会議が不可欠であった」と述べている。

B 平賀（2005）は、会社のパフォーマンスの引き上げには、部門間調整会議が不可欠であったと述べている。

C ロシアでは高額な外国車の売れ行きが好調で、「ロシアの乗用車市場では外国車のシェアが急拡大しており、2006年には、輸入車・現地生産車を合わせた外国ブランドのシェアが半分までを占めるようになった」（三菱UFJリサーチ&コンサルティング調査部, 2007）ということである。

出典と発行年

問題1 AとBの平賀（2005）、Cの（三菱UFJリサーチ&コンサルティング調査部, 2007）は、何を表しているのでしょうか。

大森チューター

先行研究や白書を引用するときは、
- **出典**（論文の**執筆者名**・データを発表した**機関名**）
- **発行年**

を示さなければなりません。
引用文の出典・発行年は、文の最初に挙げる形式と、最後に挙げる形式があります。

第4課 骨組みになる文章に先行研究を引用する

直接引用と間接引用

問題2 AとBの引用の形式は、どこが違いますか。

大森チューター

引用の形式には
◉ **直接引用**＝もとの文を「　」に入れてそのまま引用する
◉ **間接引用**＝もとの文章のポイントを1文に要約して引用する
という2つの形式があります。

直接引用のしかた

問題3 次の先行研究の文章でボンさんが引用した部分に下線を引いてください。先行研究と引用文に違う点がありますか。

ボンさんの引用文

平賀（2006）は「その海外において立ち上がった工場が確実に品質・原価・生産量の計画を達成していることはトヨタ式移転モードが有効に機能していることを示している」と結論づけている。

先行研究（平賀, 2006）

まして発想・文化の異なる海外への移転は困難をともなう。その海外において立ち上がった工場が確実に品質・原価・生産量の計画を達成していることはトヨタ式移転モードが有効に機能していることを示している。

大森チューター

直接引用をするときは、次のことに気をつけてください。
◉ 先行研究の文を一字一句変えてはいけない
◉ 読点（,）や記号（・など）もそのまま書き写す
◉ 複数の文を引用しない（できるだけ1つの文を引用する）

112

STEP2 | 引用のしかたを学びましょう

間接引用のしかた

問題4 次の先行研究の文章でボンさんが引用した部分に下線を引いてください。先行研究と引用文に違う点がありますか。

ボンさんの引用文

平賀（2006）は、トヨタ式経営は日本国内の企業に導入する場合でも成功率は高くなく、まして発想や文化も異なる海外への移転は困難をともなうと述べている。

先行研究（平賀, 2006）

しかしトヨタ生産方式に代表されるトヨタ式経営の移転は決して易しいものではない。日本において国内企業に導入しようとしても成功の確率は決して高くなく、そのことがトヨタ生産方式の伝道師たちに活躍の場を提供している。まして発想・文化の異なる海外への移転は困難をともなう。

大森チューター

間接引用をするときは、次のことに気をつけてください。
- 先行研究の文章の内容を変えない
- 1文に**要約**する

もとの文章の要点を1文にまとめるときは次のようにします。

平賀（2006）は →

~~しかし~~トヨタ生産方式に代表される~~トヨタ式経営の~~移転は決して易しいものではない。~~日本において~~国内企業に導入しようとしても成功の確率は決して高くなく、~~そのことがトヨタ生産方式の伝道師たちに活躍の場を提供している。~~まして発想・文化の異なる海外への移転は困難をともなう。

← **と述べている**

北田教授

どこから引用したのか、だれが述べたことなのかをあいまいにして、自分の意見のように書くのは絶対にしてはいけません。引用部分と自分の判断ははっきり区別して書くようにしてください。

第4課 骨組みになる文章に先行研究を引用する

引用文でよく使う表現

1. **[執筆者／機関（発行年）] は ～と述べている ／ ～としている ／ ～と指摘している ／ ～と報告している**

例文

① 平賀（2006）は、トヨタ式経営は日本国内の企業に導入する場合でも成功率は高くなく、まして発想や文化も異なる海外への移転は困難をともなうと述べている。

② 平賀（2005）は「会社のパフォーマンスを引き上げるには調達・生産・販売計画を決定する部門間調整会議が不可欠であった」としている。

2. **[執筆者／機関（発行年）] によると ～という ／ ～ということである**

例文

三菱UFJリサーチ＆コンサルティング調査部（2007）によると、「ロシアの乗用車市場では外国車のシェアが急拡大しており、2006年には、輸入車・現地生産車を合わせた外国ブランドのシェアが半分までを占めるようになった」という。

3. **～（執筆者／機関，発行年）という ／ ということである**

例文

ロシアでは高額な外国車の売れ行きが好調で、「ロシアの乗用車市場では外国車のシェアが急拡大しており、2006年には、輸入車・現地生産車を合わせた外国ブランドのシェアが半分までを占めるようになった」（三菱UFJリサーチ＆コンサルティング調査部，2007）ということである。

4. **[執筆者／機関（発行年）] によると ～ということであり、～ことが分かる ／ ～と考えられる**

例文

① 平賀（2006）によると、発想や文化が異なる海外へトヨタ式経営を移転することは困難をともなうということであり、ハレハレ・ロシアの成功のためにはトヨタ式経営をそのまま導入するわけにはいかないと考えられる。

114

② 「ロシアの乗用車市場では外国車のシェアが急拡大しており、2006年には、輸入車・現地生産車を合わせた外国ブランドのシェアが半分までを占めるようになった」（三菱UFJリサーチ＆コンサルティング調査部，2007）ということであり、ロシアでは高額な外国車の売れ行きが好調であるということが分かる。

5. [執筆者／機関（発行年）] が ～と述べているとおり、／ ～と述べているように、～ことが分かる ／ ～と考えられる

例文
① 平賀（2005）が、トヨタ式経営は日本国内の企業に導入する場合でも成功率は高くなく、まして発想や文化が異なる海外へ移転することは困難をともなうと述べているように、ハレハレ・ロシアがトヨタ式経営をそのまま導入しても成功率は高くはないと考えられる。

② 三菱UFJリサーチ＆コンサルティング調査部（2007）が、2006年にはロシアにおいて輸入車・現地生産車を合わせた外国ブランドのシェアが半分までを占めるようになったと報告しているとおり、ロシアでは高額な外国車の売れ行きが好調である。

第4課 骨組みになる文章に先行研究を引用する

では、引用文の書き方を練習しましょう。

間接引用のための要約

A 研究計画書の一部

研究動機・背景

現在、日本のエネルギー自給率は先進国の中で最低のレベルである。

――――――――――――――――――――――――――

――――――――――――――――――――――――――

――――――――――――――――――――――――――

このような状況を考えると、日本のエネルギー自給率を上げるための新たな方法を考えなければならないと言えるだろう。

B 調査報告書の一部

日本のエネルギー自給率は年々減少している。1960年代には石炭や水力など天然資源による国産エネルギーを57%有していた。しかし、2000年には、石炭や水力のほかに、地熱、風力、太陽光などのエネルギーを全部合わせても、4％にまで減少した。これら天然資源によるエネルギーだけでなく、原子力エネルギーも国産エネルギーとして考えたとすると、自給率は20%程度になるが、原子力エネルギーを生産するためのウランはほぼ100%輸入に頼っているのが現状だ。

東日エネルギーセンター（2008）『日本のエネルギー報告』

＊東日エネルギーセンター、『日本のエネルギー報告』は実際には存在しません。
（参考：資源エネルギー庁（2008）『エネルギー白書2008』

OECD（2007）『Energy Balances of OECD Countries：2004/2005』）

STEP2 | 引用のしかたを学びましょう

【言葉】エネルギー自給率：energy self-sufficiency　　先進国：developed nations　　最低のレベル：the lowest level　　状況：situation　　新たな方法：new method　　減少している：(it) is decreasing　　1960年代：the 1960s　　石炭：coal　　水力：hydraulic power　　天然資源：natural resources　　国産エネルギーを57％有していた：57% of the energy (it) used was domestically produced　　地熱：geothermal energy　　風力：wind power　　太陽光：solar energy　　合わせても、：even adding up　　原子力エネルギー：nuclear energy　　程度：about　　生産する：to produce　　ウラン：uranium　　ほぼ100％：almost 100%　　頼っている：(they) rely on　　現状：the present situation

問題 5

① Aの文章の＿＿＿＿＿にどんな根拠が必要か考えてください。

② ①の根拠として、Bの資料のどの部分を引用すればいいでしょうか。必要だと思う部分に下線を引いて、その内容を1文にまとめてください。

_____

_____

_____

③ ②の文をAの文章に引用して書いてください。

大森チューター

先行研究に出てくる引用文を自分の研究計画書に引用すること（つまり、引用の引用）を**孫引き**と言います。引用するときは孫引きしないで、必ずもとの文献にあたるようにしましょう。次は、引用する資料の探し方を学びます。

第4課　骨組みになる文章に先行研究を引用する

STEP 3 白書・研究論文を検索しましょう

　まずは、政府が発行している「白書」から必要なデータを探します。白書とは、各省庁が行政の現状を把握するために大規模な調査を行い、その分析結果と今後の課題をまとめた報告書のことで、非常に信頼性の高い資料です。

白書の検索

　次のAとBの文章は研究計画書の一部です。事実として正しいのはどちらでしょうか。

A

研究動機・背景
車の普及にともなって、日本では近年交通事故による死亡者数が増えている。
そこで、いかに交通事故を減らすかが大きな課題となっている。

B

研究動機・背景
車が普及している社会においては、いかに交通事故を減らすかが大きな課題となる。
近年日本では、さまざまな対策によって、死亡者数が減少している。

大森チューター

どちらが正しいか調べるために、白書を探しましょう。
ウィキペディア（Wikipedia http://ja.wikipedia.org/）の検索欄に「白書」と入力してください。そして、「主な白書」（2009年1月現在）で、どの白書を見ればいいか考えてください。

問題1　AとBの内容のうち、どちらが事実として正しいかを調べたいときは、どの白書を見ますか。また、その白書を出している省庁はどこですか。

白書：＿＿＿＿＿＿＿＿＿＿＿＿＿＿＿＿　　省庁：＿＿＿＿＿＿＿＿＿＿＿＿＿＿＿＿

大森チューター:「主な白書」のページを一番下までスクロールしてください。そこにある「外部リンク」の「白書・年次報告書等」をクリックした後、問題1で選んだ省庁名と白書名をクリックしてください。(ウィキペディアで見られない場合は、Yahoo! や Google など別の検索エンジンから探してください。)

問題2 平成19年版の白書を見てください。AとBの内容のうち、どちらが正しいか調べるには、第何編の第何部、第何章、第何節を見ればいいでしょうか。

第_____編　　第_____部　　第_____章　　第_____節

問題3 問題2で挙げた部分を読んで、AとBの内容のうち、どちらが正しいか答えが分かる部分を探してください。

正しい答え：[　　　]

白書のデータの引用

問題4 ☆発展　次の文章は理工学系の研究計画書の一部です。_____にどんな根拠が必要か考え、問題1～3で検索した白書から必要な部分を探して引用してください。

研究動機・背景

　車が普及している社会においては、交通事故は大きな問題であり、いかに交通事故を減らすかということが課題になる。_____

_____

_____

しかしながら、_____

_____

_____

_____

　負傷者を減少させるには、事故そのものを減らすことが何よりも求められているが、事故時の被害を軽減させる技術の開発も必要であると考えられる。……

第4課 骨組みになる文章に先行研究を引用する

大森チューター

p.118のBに書いてある「近年日本では、さまざまな対策によって交通事故による死亡者数が減少している」や「負傷者数はいまだに多い」では、「さまざまな」や「多い」があいまいです。ニュースなどを通じて知ったことや一般的に信じられていることを研究計画書の中で述べるときには、白書の具体的な数値データを活用するといいでしょう。しかし、自分の研究を理論的に裏づけるためには、先行研究を引用します。次は、研究論文の探し方について学びます。

第2課STEP2（p.50〜51）では、研究課題を考えるときの参考として、論文検索サイトCiNii Articlesを使って、研究論文を検索しました。ここでは、研究計画書の根拠として引用する論文を探すために、もう一度論文検索をしましょう。

ボンさん

私が探しているのは、以下の2つの判断の根拠となる論文です。
① 海外への経営移転は文化と関係がある
② 企業の業績と部門間コミュニケーションは関係がある

まず、①について書いてある論文があるかどうか、キーワードを入れて検索しました。

CiNii Articlesの使い方の復習

以下はボンさんがCiNii Articlesで検索した結果の一部です。これを見て、下の問題に答えてください。

1. **日本企業の海外進出--トヨタ自動車のグローバル戦略**
   高 峰, 元 寶娟, 韓 淑鳳
   帝京大学大学院経済学年誌 (16), 525-566, 2008-03

2. **トヨタの中国進出と生産ネットワークの構築**
   金 永洙, Yongzhu JIN
   トヨタは1960年代からASEANでKD生産を行い、現在は既にASEANで域内相互補完体制が構築されている。また、1980年代より米国で本格的な現地生産をはじめ、1990年代は現地生産を欧州にも広げた。トヨタとサプライヤー間の長期安定な取引関係とハイレベルの協力関係はトヨタの海外生産にも共同進出する形で延長されている。一方、中国での本格的な乗用車の量産は、2002年より天津で開始された。完成車に限…
   桜美林経営研究 (1), 67-82, 2011
   [機関リポジトリ]

問題5 論文をダウンロードして読むことができるのは、1と2のどちらですか。

問題6 ダウンロードして読むことができる論文のタイトルをクリックしてください。論文全体を読む前に、要旨を読みたいときはどこを見ますか。

STEP3 白書・研究論文を検索しましょう

大森チューター

CiNii Articlesの見方を忘れてしまった人は、第2課 STEP 2（p.50～51）に戻って復習しましょう。ここでは、CiNii Articlesで見られない論文の入手のしかたについて学びます。

ボンさん

1の論文「日本企業の海外進出－トヨタ自動車のグローバル戦略」は、CiNii Articlesで読むことができなかったので、どうしたらいいか日本語学校の池谷先生に相談しました。

国立国会図書館なら、ほとんどの論文があると思いますよ。国立国会図書館の所蔵目録データベース OPACを使って、論文があるかどうか調べてみてください。

池谷先生

論文検索に必要な項目

問題 7　① ダウンロードして読めないほうの論文（問題5の「1」の論文）が入っている雑誌の名前、巻号は何ですか。

雑誌名：＿＿＿＿＿＿＿＿＿＿＿＿＿＿＿＿＿＿＿＿　巻号：第＿＿＿＿号

② 論文は雑誌の何ページに載っていますか。

掲載ページ：＿＿＿＿＿＿＿＿＿＿＿

③ 論文はいつ、どこから出版されましたか。

出版年：＿＿＿＿＿＿＿＿＿＿＿＿　出版者：＿＿＿＿＿＿＿＿＿＿＿＿＿＿＿＿

論文検索－国立国会図書館の OPAC

トップページからキーワード検索ができます。

国立国会図書館の NDL ONLINE（https://ndlonline.ndl.go.jp/）

トップページの「詳細検索」をクリックすると、次の画面が現れます。

（2019年4月現在）

問題8 ① 検索画面のタイトル欄に、問題5の1の論文のタイトル（「日本企業の海外進出－トヨタ自動車のグローバル戦略」）を入力してください。論文は見つかりましたか。

② 検索画面のタイトル欄に、雑誌名（問題7を参照）を入力してください。論文が掲載されている雑誌は見つかりましたか。

大森チューター：OPACで論文を検索するときは、以下のことに注意しましょう。
● キーワード欄に論文のタイトルや雑誌名を入力する

　論文のタイトルまたは雑誌名が表示されたら、国立国会図書館に雑誌があるということです。雑誌名をクリックすると、書誌情報が見られます。

STEP3 | 白書・研究論文を検索しましょう

論文の入手のしかた

(2019年4月現在)

問題 9　ボンさんが探している雑誌（2008年、第16号）は、国立国会図書館のどの館で見られますか。

大森チューター

国立国会図書館の利用登録をすると、この画面からインターネットで論文のコピーを申し込み、郵送してもらうことができます。
◎ 国立国会図書館の利用登録
https://www.ndl.go.jp/jp/registration/index.html

執筆メモ 14　ワークブック p.12 ～ 13 に進み、国立国会図書館の OPAC を使って、「引用するための先行研究」を検索してまとめてください。

第1部

第4課　骨組みになる文章に先行研究を引用する

123

コラム 「国立国会図書館」

OPACで検索した論文を入手するため、国立国会図書館へ行ってみましょう。行き方、開館日、開館時間などは国立国会図書館（https://www.ndl.go.jp/）にアクセスして調べてください。

持って行くもの
- 登録利用者カード
  （図書館へ行ってから作ることもできます。その場合は本人確認書類が必要です。）
- 登録カードのパスワード
- 複写のためのお金
- 筆記用具

図書館に入ったら…（東京本館の場合）

① 利用者端末から見たい資料の請求手続きをします。博士論文は、デジタル化されたものは国立国会図書館内で閲覧することができます。デジタル化されていないものは関西館にしかないので、東京本館を利用する場合は取り寄せになります。取り寄せには日数がかかるので、注意してください。

② 館内の端末等で資料の到着が確認できるまで待ちます。（20～30分）

③ 資料の到着が確認できたら、図書は本館2階の「図書カウンター」、雑誌は新館2階の「雑誌カウンター」で受け取ります。

④ 受け取った資料を読むときは、「閲覧室」へ行きましょう。

⑤ コピーしたい資料は利用者端末で複写申込書を作成し、「複写カウンター」で申し込んでください。自分でコピーすることはできません。

大森チューター

分からないことがあったら、インフォメーションの人に聞きましょう。
論文のコピーを入手したら、
- 論文の執筆者名
- 出版者と出版年
- 雑誌名
- 掲載ページ

は必ずメモしておいてください。これらの情報は参考文献のリストを作るときに必要です。参考文献リストの書き方は、STEP 5で学びます。

STEP 4 研究論文を読みましょう

　STEP 4では、研究論文全体の構成、要旨の構成、論文でよく使われる言葉、日本語の文章の読み方のコツを学びます。まず、研究論文がどのように構成されているか確認しましょう。

研究論文の構成

問題 1 第3部コラム（p.206〜211）の研究論文「依頼場面における日本語とカイ語の談話展開－発話数と発話機能の差に注目して－」と、第1課STEP3（p.10〜14）にあるボンさんの研究計画書の見出しを上から順に抜き出して、下の表を完成させてください。

研究論文	研究計画書
	例）タイトル・氏名
例）キーワード	
例）研究方法	
	例）参考文献

問題 2 研究論文の見出しと研究計画書の見出しで、同じもの、違うものは何ですか。

第4課 骨組みになる文章に先行研究を引用する

大森チューター

研究論文の構成の特徴は以下のとおりです。
- 「要旨」
  論文のおおまかな内容がまとめられています。
- 「キーワード」
  論文に出てくる重要な言葉が挙げられていて、関連する論文を検索するときなどに役立ちます。
- 「はじめに」
  研究計画書の動機・背景と目的にあたる内容が書かれています。要旨がない場合は「**はじめに**」を読むといいでしょう。
- 「結果と考察」
  「結果」には調査や実験の結果が客観的に示されていて、「考察」にはそのような結果になった原因の分析や、結果から予測できることなど、筆者の考えが書かれています。
- 「まとめと今後の課題」
  「まとめ」には研究で分かったことが簡単にまとめられ、「今後の課題」には研究で明らかにできなかった点、研究の結果新しく出てきた問題点などが書かれています。
- 「謝辞」
  研究に協力してくれた人や機関に対するお礼の言葉が述べられています。

では、論文の最初に書いてある「要旨」を読んでみましょう。

論文の要旨の構成

問題3 次の論文の要旨を読んで、①〜⑤の文には、どのような内容が書いてあるか考え、例のように書いてください。

論文
タタバンチュの地盤の質・硬さに適した耐震構造
インニ・ススモー（東日大学）

要旨

STEP4 | 研究論文を読みましょう

①タタバンチュ中西部では1980年のバンチュ沖地震以降、大規模な地震が多発しており、伝統的な家屋が多数倒壊している。②1980年代半ばからは、主に日本で開発された耐震構造技術が導入されてきたが、2007年現在においても地震による倒壊は後を絶たず、早急にタタバンチュの地質に適した耐震技術を開発することが必要である。③そこで、筆者は画像処理技術および超音波を用いて、日本の耐震構造技術がタタバンチュの地盤の質に適しているかどうかを確認するための地盤調査を行った。④その結果、タタバンチュ中西部で見られた不整形地盤が地震動増幅に大きく影響していることが明らかになった。⑤本研究で得られた結果は、今後、建築物被害を考察するための基礎的な1つの資料を提供するものである。

【言葉】地盤の質：soil quality　　硬さ：rigidity　　適した：suited (to)　　耐震構造：earthquake-resistant construction　　バンチュ沖地震以降：since the earthquake off of the coast of Banchu　　大規模な：large-scale　　多発しており、：(they) have occurred frequently, and　　伝統的な：traditional　　家屋が多数倒壊している：a great many homes have collapsed　　1980年代半ば：the mid 1980s　　主に：mainly　　耐震構造技術が導入されてきた：earthquake-resistant construction techniques have been introduced　　後を絶たず、：(they) are continuing relentlessly, and　　早急に：as quickly as possible　　地質：geological features　　筆者：the author　　画像処理技術：image processing technology　　および：and　　超音波：ultrasound　　用いて、：(I) utilize, and　　確認する：to confirm　　地盤調査：subsurface investigation　　不整形地盤：ground with topographic irregularity　　地震動増幅：amplification of ground motion　　影響している：(it) is affecting　　明らかになった：(it) became clear　　得られた：obtained　　建築物被害を考察する：to study structural damage to buildings　　基礎的な：basic　　資料を提供する：to furnish data

① [　　　　　　]　② [　　　　　　]　③ [例）研究目的] と [　　　　　　]
④ [　　　　　　]　⑤ [　　　　　　]

大森チューター：論文の要旨には、研究動機・背景、研究目的、研究方法、研究結果、研究意義が簡単にまとめて書いてあります。本文を読み始める前に、まず要旨を読んで自分の研究と関連性があるか判断するといいでしょう。

次に、論文でよく使われる言葉を確認します。

第4課 骨組みになる文章に先行研究を引用する

論文でよく使われる言葉

問題**4** ____ の中から適当な言葉を選んで ＿＿＿＿＿＿ に書いてください。

前記の	後者	前章	下記の	述べる
後述する	すでに述べた	筆者	本稿	本調査

① ＿＿＿＿＿＿＿＿＿＿＿＿＿では、最新のデータ解析技術について整理し、地震予知の可能性
（この論文）

について ＿＿＿＿＿＿＿＿＿＿。
（書く）

② タタバン湖で見られた不整形地盤が地震動増幅に大きく影響していることは、

＿＿＿＿＿＿＿＿＿＿で ＿＿＿＿＿＿＿＿＿＿。
（前の章） （もう書いた）

③ タタバン湖を震源としたマントル内地震の予知の可能性については、第4章で

＿＿＿＿＿＿＿＿＿。
（後で書く）

④ タタバンチュにおける地震では、1980年のバンチュ沖地震、1997年のタタバン湖北部
地震、2002年のタタバン湖南部地震、2007年のテベ地震が最大級のものとして知られ
ている。＿＿＿＿＿＿＿＿＿＿では、バンチュ沖地震を対象としたが、＿＿＿＿＿＿＿＿＿＿
（この調査） （前に書いた）
タタバン湖周辺、およびテベにおける各地震についても今後調査を進める必要がある。

⑤ タタバン湖を震源とした地震は1980年以降、多発している。地震は、深さが30kmよ
りも浅い地震（地殻内地震）と、それよりも深い地震（マントル内地震）に大別でき
るが、タタバン湖を震源とした地震の多くは ＿＿＿＿＿＿＿＿＿＿＿＿ である。
（後のほう）

⑥ ＿＿＿＿＿＿＿＿＿＿＿は画像処理技術および超音波を用いて、日本の耐震構造技術が
（私）
タタバンチュの地盤の質に適しているかどうかを確認するための地盤調査を行った。

⑦ タタバンチュにおいて1980年から2002年までに発生した地震の震源地、震度、マグ
ニチュードは ＿＿＿＿＿＿＿＿＿＿ 表3のとおりである。
（下に書いた）

128

STEP4 研究論文を読みましょう

大森チューター

研究論文で筆者が書いた内容を示すときは
◉ 「述べる」
◉ 「前述／後述する」
◉ 「上記／下記の」
◉ 「前者／後者」
などの言葉がよく使われます。また、研究論文で使えても、研究計画書
では使えない言葉があるので注意しましょう。

研究論文		研究計画書
筆者	⇔	私（× 筆者）
本研究／本稿	⇔	本研究（× 本稿）

　研究論文の要旨を読んで、自分の研究計画書に役立ちそうだと思ったら、本文を読みましょう。長い研究論文を読むには、日本語の文章を効率よく正確に読むためのポイントを理解しておく必要があります。以下の問題5～19は第3部コラム（p.206～211）の研究論文「依頼場面における日本語とカイ語の談話展開 – 発話数と発話機能の差に注目して – 」をもとにした文や文章です。これらを読みながら、ポイントを確認しましょう。問題文の中の言葉が難しい場合は、p.212～215の「言葉のリスト」を参考にしてください。

　まずは、段落と段落のつながりをつかんで、文章の**大意**（だいたいの意味）を把握することが大切です。そのためには、段落の**中心文**（段落の中で一番重要な文）と**支持文**（中心文を補強する文）の関係を考えて、段落のトピックをまとめながら読むようにします。

第4課 骨組みになる文章に先行研究を引用する

段落のトピックと中心文

問題5 段落内の文と文のつながりを考えて、中心文と支持文を次のページの例のように まとめてください。また、それぞれの段落のトピックを ◯ から選んで書いてく ださい。

第1段落

①日本の大学や大学院で学ぶ外国人留学生は、一般的に日本留学試験やそれぞ れの学校の入学試験を経ていることから、彼らの日本語能力は日常生活には困ら ないレベルに達していると考えられる。②しかし、それにもかかわらず、しばし ば日本語母語話者とのコミュニケーションがうまくいかないという声が聞かれ る。③例えば、ある日本人の友人は、「知り合いの留学生から急に電話がかかって きて、今在学している大学院の願書を送ってほしいと言われた。久しぶりの電話 だったのに、何の前置きもなしにいきなり頼まれて、不快な思いをした」と言う。 ④一方、あるカイ人の友人は、「日本人の話し方は回りくどいと思う。別に大した お願いでもないのに、長々と話をされると他人みたいに感じてしまう。日本人と 長く付き合っても友達になれないような気がする」と言う。

第2段落

①言語行動は文化と密接な関係があると考えられており、前述の依頼をめぐる コミュニケーション上のトラブルも、文化の違いが関わっていると言えよう。 ②言語行動の中でも人にものを頼む「依頼」は日常頻繁に行われ、人間関係に影 響を与える。③したがって、より円滑な異文化コミュニケーションを築くためには、 それぞれの言語における依頼表現の特徴を明らかにする必要があると言えよう。

第3段落

①日カイの依頼表現に関しては、ウケル（1992）、奈良（1998）、ヤスマナ（2000, 2002）によって、語・文レベルでの研究が進められている。②しかし、井出（1982） が各言語における待遇法の全体を知るには1つの文のレベルを超えた談話レベル での待遇体も含めなければならないと指摘しているように、語や文レベルだけで はなく、談話レベルでも依頼表現に関する研究を行う必要がある。③日カイを対 象とした談話レベルでの研究としては、カイ語母語話者の電話における日本語会 話を分析したシッカリ（1997）、日カイの謝罪表現の対照研究を行った利根（2003） などがあるが、依頼表現を対象としたものは筆者の知るかぎり見当たらない。

STEP4 | 研究論文を読みましょう

第1部

第4段落
①そこで、本稿では日本人と日本に留学しているカイ人留学生を対象に、依頼場面の会話文を作成してもらい、その談話を分析する。②分析は厳(1999)にならって、発話数と発話機能の観点から行う。③本研究の目的は、日カイの依頼の談話展開において発話数と発話機能にどのような違いがあるのかを明らかにすることである。

第4課 骨組みになる文章に先行研究を引用する

トピック
・先行研究の紹介とその問題点の指摘
・研究の必要性
・研究方法の概要と研究の目的
・実体験を通して感じた問題点の指摘

支持文の種類
a. 中心文に書いてあることの理由や根拠
b. 中心文に書いてあることの例
c. 中心文に書いてあることと反対のこと・対照的なこと
d. 中心文に書いてあることの詳しい説明（観点や対象）

段落	トピック	その段落で言いたいことが書いてある文 =中心文	中心文を補強する文 =支持文（種類）
1		例)②しかし、それにもかかわらず、しばしば日本語母語話者とのコミュニケーションがうまくいかないという声が聞かれる。	①[ ] ③[ ] ④[ ]
2	○		①[a] ○[ ]
3	○		○[ ] ③[a]
4	③		○[d] ○[ ]

131

第4課 骨組みになる文章に先行研究を引用する

大森チューター

- 段落：1つの中心文 ＋ 複数の支持文 で構成されます。
- 中心文：段落の初めか終わりにくることが多いです。
  中心文と中心文をつないで読んでいくと、文章の大意がつかめます。
- 支持文：中心文の理由／例／定義／対照などを表します。
  また、段落のトピックを考えるときは「は」の使い方に注意しましょう。
  段落の初めの「〜は」はトピックを表し、途中にほかの文が入っていても、段落の最後まで続いていることがあります。

段落のトピックを表す「は」

問題 6 「特徴である」は何の「特徴」かを考え、この段落のトピックを表す1語を◯で囲んでください。

> 本調査の結果から、日本人は「お詫び」の発話機能を多く用いることが明らかになった。カイ人の特徴として「感情表示」をしない傾向があることは前述のとおりであるが、それとは異なり、自分の困っている気持ちや申し訳ないと思っている気持ちを相手に伝えようとする傾向があることが分かる。
> 　また、相手との「関係作り」の出現回数が22と非常に高く、本題に入る前にお互いの関係を確認する点も<u>特徴である</u>。

大森チューター

段落内の文と文の関係や、段落と段落のつながりを読み取って文章の大意がつかめたら、次は1つ1つの文を詳しく分析しながら読み、正確な意味をつかむようにします。

では、日本語の文の特徴を、以下の問題7〜19で順番に見ていきましょう。

名詞を説明している部分

問題7 以下の文で「送る」のは何ですか。1語で答えてください。

今在学している大学院の願書を送る

大森チューター

「願書」という名詞と他の言葉の関係を詳しく見てみましょう。
① 大学院の 願書
② 今在学している 大学院 の願書
③ 今在学している大学院の 願書

①の「大学院の」は「願書」を、②の「今在学している」は「大学院」を説明しています。そして、③では「今在学している大学院の」全体が「願書」の説明になっています。このように、日本語では名詞の前にその説明を加えていって、1つの大きな名詞を作るという特徴があります。
読解のときには、
◉ 文の中心となる名詞はどれか
◉ 名詞を説明している部分はどこか
を考えて読むようにしましょう。

問題8 ☐ の名詞を説明している部分はどこでしょうか。＿＿＿を引いてください。

① 日本語母語話者とのコミュニケーションがうまくいかないという 声 が聞かれる。

② move とは会話の中で話し手が発するスピーチの最小の機能的な 単位 （津田, 1989）である。

③ これらの特徴はキンベン（2004）が挙げるカイ人の 気質 と合致すると言える。

第4課 骨組みになる文章に先行研究を引用する

内容をまとめる「～と」の表す範囲

問題9　□の動詞はだれの判断ですか。[　　]に答えを書いてください。また、その内容はどこからどこまでですか。例のように「　　」で範囲を示してください。

例）

「 本稿で得られた結果は、日本人とカイ人の円滑な異文化コミュニケーション実現に向けた基礎資料となる 」と考えられる。

➡ [　例）筆者　]の判断

① 言語行動は文化と密接な関係がある@と考えられており、前述の依頼をめぐるコミュニケーション上のトラブルも、文化の違いが関わっている⑥と言えよう。

➡@ [　　　　　　]の判断　　⑥ [　　　　　　　]の判断

② 依頼の内容の難易度により、依頼のしかたに差が出る@と考え、難易度が高い⑥と思われるものと、あまり高くない©と思われるものの2つの場面を設定した。

➡@ [　　　]の判断　　⑥ [　　　]の判断　　© [　　　]の判断

③ 「お詫び」に関しては、カイ語より日本語のほうが多かったが、一般的に日本人はよく謝る@と言われており、今回もその傾向が出た⑥と言えよう。

➡@ [　　　　　　]の判断　　⑥ [　　　　　　]の判断

④ キンベン（2004）によると、カイ人は、親戚全員が1つの家で生活してきた大家族制の中で、新しいことや知らないことは相手にすぐに聞く習慣が身についており、だれもが自分のことは100％理解されている@と考える傾向がある⑥ということである。

➡@ [　　　　　　]の判断　　⑥ [　　　　　　]の判断

134

大森チューター

第3〜4課の復習です。
◎「〜と考える／〜と思う」：筆者の判断
◎「〜と考えられる／〜と思われる」：根拠や常識などにもとづいた筆者の判断
◎「〜と考えられている／〜と言われている」：第三者の判断
◎「〜によると 〜ということである」：引用文（第三者の判断）

このような表現が出てきたら、「〜と」の表す内容はどこからどこまでか、また、その内容がだれの判断かを考えて読むようにしましょう。

主語の統一

問題10 次の文章を読んで、例のように下の表を完成させてください。

> 知り合いの留学生から急に電話がかかってきて、今在学している大学院の願書を送ってほしいと言われた。久しぶりの電話だったのに、何の前置きもなしにいきなり頼まれて、不快な思いをした。

文の中での表現		だれですか	
電話がかかってきて	➡	電話をかけた人は？	
今在学している大学院	➡	大学院に在学している人は？	例）私
大学院の願書を送ってほしいと言われた	➡	願書を送る人は？	
	➡	大学院の願書を送ってほしいと言った人は？	
いきなり頼まれて	➡	いきなり頼んだ人は？	
不快な思いをした	➡	不快な思いをした人は？	

第1部　第4課　骨組みになる文章に先行研究を引用する

STEP4 | 研究論文を読みましょう

135

大森チューター

「(だれ)が/は」が書いていない文の主語は「私/筆者」の場合が多いです。そして、文の主語を「私/筆者」に統一するため、第三者の動作を表す動詞には①受身（〜れる／〜られる）や②自動詞が使われます。
例）① （私は）第三者に〜を頼まれる
　　② （私は）第三者から電話がかかってくる
受身や「〜てほしい／もらう／くれる」という表現が出てきたら、その動作はだれがだれに対してすることかよく考えて、文の意味を間違えないようにしましょう。

「は」と「が」

問題11　次の文を読んで、下の表を完成させてください。

> カイ語母語話者は、日本語母語話者が本題とは関係のない会話をしてお互いの関係を確認してから徐々に本題に入る傾向があるのに対して、親しい友人の関係であれば直接的に本題に入る傾向があると思われる。

文の中での表現		だれですか	
本題とは関係のない会話をして	➡	会話をする人は？	
お互いの関係を確認してから	➡	お互いの関係を確認する人は？	
徐々に本題に入る傾向がある	➡	徐々に本題に入る人は？	
直接的に本題に入る傾向がある	➡	直接的に本題に入る人は？	
〜と思われる	➡	〜と思う人は？	

大森チューター

「(だれ)が」は狭い範囲の述語（主語を受ける動詞・形容詞・名詞）に続くのに対して、「(だれ)は」は文の終わりまで続くという特徴があります。

先行研究の執筆者

問題12 次の文中の「井出（1982）」は何をしましたか。この人がしたことを表している言葉（1語）に＿＿＿を引いてください。

> 井出（1982）が各言語における待遇法の全体を知るには1つの文のレベルを超えた談話のレベルでの待遇体も含めなければならないと指摘しているように、日カイの依頼表現の違いを明らかにするには、語や文レベルだけではなく、談話レベルでも研究を行う必要がある。

大森チューター

> STEP 2の復習です。「執筆者（発行年）」の形式で表す引用文が出てきたら、どこからどこまでが引用部分かよく考えるようにします。ただし、「執筆者（発行年）」は引用の出典ではなく、先行研究の紹介にも使われることがあるので、どちらの用法か間違えないように気をつけましょう。

問題13 次の①〜④はa引用の出典、b先行研究の紹介のどちらですか。[ ]に記号を書いてください。

① [ ] 日カイの依頼表現に関しては、ウケル（1992）、奈良（1998）、ヤスマナ（2000, 2002）によって、語・文レベルでの研究が進められている。

② [ ] 日カイを対象とした談話レベルでの研究としては、カイ語母語話者の電話における日本語会話を分析したシッカリ（1997）、日カイの謝罪表現の対照研究を行った利根（2003）などがあるが、依頼表現を対象としたものは筆者の知るかぎり見当たらない。

③ [ ] キンベン（2004）によると、カイ人は、親戚全員が1つの家で生活してきた大家族制の中で、新しいことや知らないことは相手にすぐに聞く習慣が身についており、だれもが自分のことは100％理解されていると考える傾向があるということである。

④ [　] move とは、会話の中で話し手が発するスピーチの最小の機能的な単位（津田，1989）である。

前置きの「が」

問題14 次の文の3つの句（「、」で句切られた言葉のまとまりの単位）のうち、省略しても文が成立するものを選んで、その句に（　）をつけてください。また、この が と同じ意味の「が」は①〜③のうちどれですか。1つ選んで [　] に○をつけてください。そして、省略できると思う理由も考えてください。

今回はアンケートという方法でデータを収集したが、アンケートのような筆記形式の場合は考える時間が十分に与えられ、書き直すことも可能である。

① [　] 発話数においては、統計的有意差を得ることができたが、発話機能に関しては統計的手法で確認することができなかった。

② [　] 日カイを対象とした談話レベルでの研究としては、カイ語母語話者の電話における日本語会話を分析したシッカリ（1997）などがあるが、依頼表現を対象としたものは筆者の知るかぎり見当たらない。

③ [　] 「お詫び」に関しては、カイ語より日本語のほうが多かったが、一般的に日本人はよく謝ると言われており、今回もその傾向が出たと言えよう。

大森チューター

「が」には2つの用法があります。
● 「しかし」の意味：「が」の前と後ろは反対の内容
● 前置き：「が」の前は後ろの内容の補足的な説明
前置きの「〜が」の部分を省略して読むと、文の意味が理解しやすくなります。

補足的な句

問題15 次の文の4つの句のうち、読まなくても文の意味が通じる句はどれだと思いますか。その句に（　）をつけてください。

> 日本語母語話者が、内容的に難易度の高い「お金を貸してもらう」という場面1の依頼を達成するには、アルバイトを代わってもらうように頼むという場面2の依頼より、会話のやり取りが多く必要であることが分かる。

大森チューター

句には、
- 文が成立するために必要な中心になる句　と、
- 前置きや比較の対象を表す補足的な句　があります。

長い文を読むときは、補足的な句を（　）に入れて省略したり、後から読むようにすると意味が分かりやすくなります。

同じ重要度の句

問題16 次の文を読んで、①と②に答えてください。

> (a)本研究では、(b)カイ語母語話者より日本語母語話者のほうが発話数が多いこと、(c)「感情表示」「関係作り」「状況質問」「お詫び」という発話機能に差がある傾向があることが 分かった 。

① 「分かった」ことは何ですか。(a)〜(c)の中から選んでください。

② (a)〜(c)の句の中で同じ働きをしているのは、どれとどれですか。

大森チューター

問題14や15でみたように、句の重要度が違う場合もあれば、このように句と句が並列（同じ働き）の関係になっていて、重要度が同じ場合もあります。
ほかにも、句と句にはいろいろな関係があります。

第4課 骨組みになる文章に先行研究を引用する

句と句の関係

問題17 次の文を読んで、①と②に答えてください。

> (a) 場面1と2のmove数を合計した全move数は、(b) 日本語母語話者が330（1人あたり8.25）であるのに対し、(c) カイ語母語話者は222（1人あたり5.55）と、(d) 日本語とカイ語で明らかな 差 があった。

① 差 は何の差ですか。

② (a)～(d)の句のつながりを図で表すとどれになりますか。適当なものを選んで、[ ] に○をつけてください。

a → { b → c → d }	a → { b ↕ c } → d	{ a → b } ↔ { c → d }
[ ]	[ ]	[ ]

大森チューター

句と句の関係には、
- 中心になる句と補足的な句（前置きや比較の対象を表す句）
- 主語になる句と述語になる句
- 同じ重要度の句（並列や対比など）

などがあります。句と句の関係を整理して読むと、文の意味が正確に分かるようになります。

指示語「そ／こ」

問題 18 次の文の「その」が表す内容を、ほかの言葉に置き換えて説明してください。

> 本稿では日本人と日本に留学しているカイ人留学生を対象に、依頼場面の会話文を作成してもらい、その談話展開を分析する。

大森チューター

「その」や「それ」、「この」や「これ」のように、前に書いてある内容（「こ…」の場合は後ろに書いてあることもあります）を指す言葉を**指示語**と言います。文の意味を正確につかむには、指示語がどの部分を指しているか注意しながら読むことが大切です。

問題 19 ①〜③で、どのような指示語が使われていますか。□で囲んでください。また、その指示語が指している部分に＿＿＿を引いてください。

① 「お詫び」に関しては、カイ語より日本語のほうが多かったが、一般的に日本人はよく謝ると言われており、今回もその傾向が出たと言えよう。

② 「感情表示」に関しては、日本語が14見られたのに対し、カイ語には1つも見られなかった。感情表示とは、自身が今困っているなどの気持ちを相手に示すものである。日本語母語話者が自身の感情を相手に理解させようとするのに対し、カイ語母語話者にはそのような態度はないのではないだろうか。

③ 以上の結果に見られるカイ人の特徴をまとめると、1）自分が困っているという気持ちを相手に伝えようとしない、2）親しい友人の関係であれば直接的に本題に入る、3）友人と話題を共有しようとする、の3点になる。これらの特徴は、キンベン（2004）が挙げるカイ人の気質と合致すると言える。

大森チューター

では、いよいよ研究論文を読んでみましょう。
研究論文にはふつうの辞書には出ていない専門用語が多く使われているので、**専門用語辞典**を使って、日本語の言葉を確認しながら読むといいでしょう。専門用語辞典の探し方は次のページの「コラム」を参考にしてください。

執筆メモ15 ワークブック p.12 に進み、段落内の文と文の関係や、段落のトピックを考えながら研究論文を読み、「論文の大意」をつかんでください。

「専門用語辞典」

まずは、国立情報学研究所の目録所在情報データベース Webcat Plus（ウェブキャットプラス）で図書館にどんな専門用語辞典があるか調べましょう。

① Webcat Plus（http://webcatplus.nii.ac.jp/）
自分に合った専門用語辞典を見つけましょう。

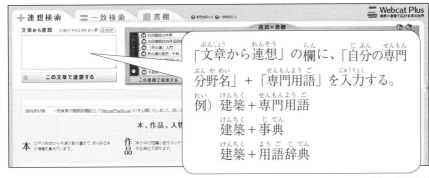

「文章から連想」の欄に、「自分の専門分野名」＋「専門用語」を入力する。
例）建築＋専門用語
　　建築＋事典
　　建築＋用語辞典

（2019年4月現在）

▎探すときの注意点

・なるべく新しい辞典を探すようにしましょう。
・すぐに決めないで、キーワードを変えたり、右の「連想ワードで絞込み」を利用したりして、本当に役立つ辞典を探すようにしましょう。
・タイトルをクリックすると、その辞典の情報が出てきます。
・いいと思う辞典をいくつか選びましょう。

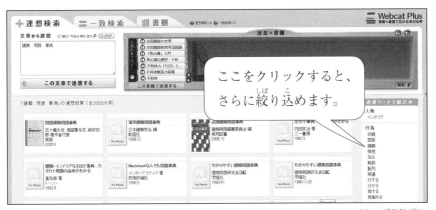

ここをクリックすると、さらに絞り込めます。

（2019年4月現在）

143

② 地域の図書館のOPAC

自分の住んでいる区や市の公共図書館のOPACを使って、①で検索した辞典があるか探しましょう。

「蔵書検索」のページを開き、キーワード欄に、①の辞典のタイトルを入力（コピー・ペースト）する。
例）図説建築用語事典

区内（市内）のどの図書館にあるか、調べてください。

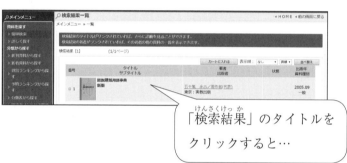

「検索結果」のタイトルをクリックすると…

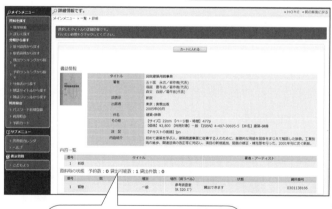

区内（市内）のどの図書館にあるか分かる。

（2019年4月現在）

最近では、区内（市内）のどの図書館にあっても、予約手続きをすれば、最寄りの図書館で受け取れるところが増えています。

①と②の方法で自分に合った専門用語辞典を探し、入手しましょう。

| STEP4 | 研究論文を読みましょう

問題20 ☆発展　第3課STEP1の問題3（p.75）で「依頼場面における日本語とカイ語の談話展開－発話数と発話機能の差に注目して－」を研究の卵として書いた研究目的の文に合うように、研究動機・背景の文章を書いてください。その際、この論文を先行研究として引用したり紹介したりして書いてください。

_____

_____

_____

_____

_____

_____

_____

_____

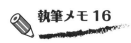

執筆メモ16　　ワークブックp.13に進み、動機・背景に必要な根拠を「引用」して書いてください。

第4課 骨組みになる文章に先行研究を引用する

STEP 5　参考文献リストを作りましょう

　研究計画書の最後には、自分が引用したり、参考にしたりした白書や論文をリストにしてまとめて書きます。ここでは、文献リストの書き方を学びましょう。以下は、ボンさんの研究計画書の文献リストです。リストを見て、以下の問題に答えてください。

参考文献

高橋俊一（2008）「多国籍企業内部の国際間知識移転における現地利害関係者管理の戦略的重要性に関する研究－異文化マネジメントの視点から－」『立教経済学研究』第61巻，第3号，pp.145-170

ティモシー・D・キーリー（2004）「異文化交渉に関する枠組み」『経営学論集』第15巻，第2号，pp.1-14

平賀英一（2005）「1980年代のトヨタの豪州経営：組織外部性維持の経営が与えた教訓」『東海学園大学研究紀要　経営・経済学研究編』第10号シリーズA，pp.91-111

平賀英一（2006）「トヨタの海外移転モード」『東海学園大学研究紀要　経営・経済学研究編』第11号，pp.59-75

三菱UFJリサーチ＆コンサルティング調査部（2007）「『ポスト・プーチン』のロシア経済－『双子の黒字』と『一つの基金』が支えるロシア経済の高成長は続くか－」三菱UFJリサーチ＆コンサルティング（http://www.murc.jp/）（2008年6月1日取得）

文献リストの書き方

問題1　文献リストには、どんな内容を書きますか。また、それらの内容をどんな順番で書きますか。

問題2　ボンさんは5つの文献をどんな順番に並べていますか。

大森チューター: 文献の数がそれほど多くない場合は、ボンさんのように**引用文献**と参考文献をまとめて、参考文献として挙げますが、数が多い場合は、参考文献と引用文献を分けて書くようにします。
- 引用文献：研究計画書に引用した資料
- 参考文献：引用はしていないが、研究計画書を書くために参考にした資料

参考文献の書き方

① 書籍

■ 日本語 　著者名（出版年）『書名』出版者

例）彭飛（2007）『外国人を悩ませる日本語からみた日本語の特徴―漢字と外来語編』凡人社

■ 外国語 　著者名（出版年）書名，出版者

例）Stevick, E. W.（1990）*Humanism in Foreign Language Learning*, Newbury House Publishers, Inc

＊書名はイタリック体で表記する。

② 論文

■ 日本語 　執筆者名（発行年）「論文名」『雑誌名』巻，号，ページ

例）高橋俊一（2008）「多国籍企業内部の国際間知識移転における現地利害関係者管理の戦略的重要性に関する研究－異文化マネジメントの視点から－」『立教経済学研究』第61巻，第3号，pp.145-170

＊第61巻，第3号を61(3)と表記する場合もある。

■ 外国語 　執筆者名（発行年）"論文名"，雑誌名，巻，号，ページ

例）Freeman, D. & Johnson, K. E（1998）"Reconceptualizing the knowledge-base of language teacher education", *TESOL Quarterly*, vol.32, No.3, pp.397-417

＊雑誌名はイタリック体で表記する。　＊執筆者名は姓以外は省略して記す。

＊vol.32, No.3を32（3）と表記する場合もある。

③ ウェブ上に掲載されてる白書

> 機関名（刊行年）『刊行物名』出版者（URL）（取得年月）

内閣府（2007）『平成19年交通安全白書』内閣府政策統括官（http://www8.cao.go.jp/koutu/taisaku/h19kou_haku/index_pdf.html）（2008年7月30日取得）

大森チューター：2行以上にわたって書く場合、2行目からは1字下げて書くようにします。

参考文献リストの順番

① 日本語の文献と外国語の文献

- 日本語の文献は執筆者名の姓を50音順に並べる。

- 外国語の文献は執筆者名の姓をアルファベット順に並べる。
  * 日本語の文献を挙げた後で、外国語の文献を別にして挙げる書き方と、混ぜて挙げる書き方がある。
  * 混ぜて挙げる場合は、日本人の執筆者の姓をアルファベットに変えて考え、順番を判断する。

例）平賀英一 ⇒ HIRAGA

Hendon, D. W., Hendon R. A., & Herbig, P. A. (1996) *Cross-Cultural Business Negotiations*, Quorum Books

平賀英一（2006）「トヨタの海外移転モード」『東海学園大学研究紀要　経営・経済学研究編』第11号，pp.59-75

Hofstede, G. (1991) *Cultures and Organizations: Software of the Mind: Intercultural Cooperation and Its Importance for Survival*, McGraw-Hill

② 同じ執筆者の文献
- 同じ執筆者の文献が複数ある場合は、発行年の古い順番に挙げる。

- 同じ執筆者が単独で執筆した文献と共同で執筆した文献がある場合は、単独で執筆した文献を先に挙げる。
  *共同で執筆した文献を挙げるときは、執筆者名と執筆者名の間に・(中黒)を入れて仕切る。

例）長田洋（2006）「製造業のグローバル化と品質マネジメント」『クオリティマネジメント』第57巻，第9号，pp.10-15
　　長田洋・及川忠雄（2006）「TQMによるリスクマネジメントシステムの構築」『クオリティマネジメント』第57巻，第8号，pp.36-41

- 同じ執筆者の文献が同じ年に複数発行されている場合は、発行年の後にa、bを付ける。

例）長田洋（2006a）「日本ものづくりにおける品質経営の特徴と課題」『クオリティマネジメント』第57巻，第1号，pp.12-21
　　長田洋（2006b）「製造業のグローバル化と品質マネジメント」『クオリティマネジメント』第57巻，第9号，pp.10-15

第4課 骨組みになる文章に先行研究を引用する

問題3 次の資料を見て、参考文献リストの形式にしたがって書いてください。

Tonichi University of Education
東日教育大学『東日教育大学日本語教育研究論集』18（2），93-115，2007年12月

依頼場面における日本語とカイ語の談話展開
－発話数と発話機能の差に注目して－

ターイ・ウカリ

Thaai Wukari

要　旨

　日本人とカイ人がコミュニケーションするとき、談話展開のしかたの違いにより誤解が起きることがある。本研究では、日本語とカイ語の・・・・・・・・・・・・・・・・・・・・・
・・
・・

参考文献

_____

_____

_____

問題4 以下はCiNii Articlesで論文を検索した結果です。順番に注意して、①～⑤を参考文献リストにして書いてください。

①
収録誌
情報処理学会研究報告
Vol.2005, No.111, 20051114, pp.109-114
情報処理学会

書誌情報
サイバーデモクラシーから考える在外国民の選挙権（分散システム）
井出　明　IDE Akira

②
収録誌
桜花学園大学人文学部研究紀要
Vol.10（20080331）pp.1-18
桜花学園大学

書誌情報
日本マーケットから見たハワイツーリズムの現状と課題
伊藤　秀文　ITO Hidefumi

③
収録誌
大阪経済法科大学総合科学研究所年報
No.24（2005）pp.57-67
大阪経済法科大学総合科学研究所

書誌情報
観光情報学の現在
井出　明　IDE Akira

④
収録誌
地域安全学会論文集
No.7, 2005/11, pp.369-374
地域安全学会事務局

書誌情報
現行社会制度を基盤とした被災者支援システムの提案
井出　明　IDE Akira
金田　直樹　KANEDA Naoki
立木　茂雄　TATSUKI Shigeo
他

⑤
収録誌
日本貿易会月報
No.660（2008/6）pp.36-39
日本貿易会

書誌情報
How to globalize tourism industry to develop regional economy
HURFORD Luke

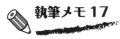
執筆メモ17　　ワークブックp.14に進み、「参考文献リスト」を書いてください。

第4課 骨組みになる文章に先行研究を引用する

第 4 課 の ま と め

質問

1. 研究計画書に先行研究や白書の数値データを引用するのはどうしてでしょうか。

2. 引用文の書き方にはどのような形式がありますか。また、引用文を書くときに注意しなければならないのは、どんなことですか。

3. 国立国会図書館の OPAC で論文を検索するときは、どのような点に注意しますか。

4. 研究論文と研究計画書の構成は、どのように違いますか。

5. 研究論文の要旨にはどのようなことが書いてありますか。

6. 文章の大意をつかみたいときは、どのような読み方をすればいいですか。

7. 研究論文に出てくる日本語の複雑な文を読むときは、どんな点に注意しますか。

重要な言葉

- □ ①（先行研究の）引用
- □ ②（骨組みになる文章への）肉付け
- □ ③白書
- □ ④（企業の）オープンデータ
- □ ⑤数値データ
- □ ⑥出典
- □ ⑦執筆者名
- □ ⑧機関名
- □ ⑨発行年
- □ ⑩直接引用
- □ ⑪間接引用
- □ ⑫（文章の）要約
- □ ⑬孫引き
- □ ⑭国立国会図書館
- □ ⑮雑誌名
- □ ⑯巻号
- □ ⑰掲載ページ
- □ ⑱出版年
- □ ⑲出版者
- □ ⑳ISSN
- □ ㉑（論文の）はじめに
- □ ㉒（文章の）大意
- □ ㉓（段落の）中心文
- □ ㉔（段落の）支持文
- □ ㉕指示語
- □ ㉖専門用語辞典
- □ ㉗文献リスト
- □ ㉘引用文献

第5課

研究方法を書く

研究方法を考える

どんな研究方法があるかを学ぶ

第5課 研究方法を書く

STEP 1 どんな研究方法があるかを学びましょう

いよいよ研究計画書も完成に近づいてきました。研究方法は自分の研究目的をどうやって達成するかを具体的に示すもので、最も専門的な知識が必要になる重要な部分です。どのような研究方法があるのか、また、研究方法を書くときにはどんな表現を使うのか学びましょう。

以下は、ボンさんの研究計画書の「研究方法」の部分です。これを読んで、次のページの問題1～3に答えてください。

ボンさんの研究方法

1. [　　　　　　　]
　オープンデータ、社史などトヨタ自動車に関する資料を①＿＿＿＿＿＿＿＿＿＿＿、トヨタ経営方式のロシアへの経営移転について社内会議体の構築およびコーディネーター制の点から②＿＿＿＿＿＿＿＿＿＿＿＿＿＿＿、部門間コミュニケーションのあり方について考察する。

2. [　　　　　　　]
　ハレハレ自動車サンクトペテルブルグ工場における部門間の異文化コミュニケーションの実態を把握するため、1でまとめたトヨタのロシアにおける経営移転の特徴と③＿＿＿＿＿＿＿＿＿＿＿＿＿＿＿ながら、④＿＿＿＿＿＿＿＿＿＿＿＿＿＿＿＿＿＿。モスクワのハレハレ自動車輸入販売会社に知人がおり、許可が得られたことから、工場内での調査が可能である。調査の実施時期など詳細については工場が稼動した後に担当者と調整する予定である。

3. [　　　　　　　]
　参与観察の分析結果を補足するため、⑤＿＿＿＿＿＿＿＿＿＿＿＿＿＿＿＿＿＿。形式はデップス・インタビューとし、参与観察で問題になった点について、対象者の意識を把握することを目的として行う。

　1～3の調査結果をもとに、ハレハレ自動車のサンクトペテルブルグ工場における部門間のコミュニケーションと、経営活動および業績との関係について⑥＿＿＿＿＿＿＿＿＿＿＿＿＿＿＿＿＿。

STEP1 どんな研究方法があるかを学びましょう

データの収集方法

問題1 ボンさんは3つの調査方法でデータの収集を行おうと考えています。その方法は何ですか。下の □ から選んで、前のページの [ ] に書いてください。

文献調査　　参与観察　　ヒアリング調査

研究行動を表す言葉

問題2 下の □ から適当な言葉を選んで、①〜⑥の _____ に書いてください。

分析を行う　　参与観察を行う　　ヒアリング調査を行う 整理し　　収集し　　比較し

大森チューター

研究方法を述べるときは「調査／実験を行う」、「収集／整理／比較／分析する」など**研究行動を表す言葉**を使います。

問題3 日本学生支援機構（https://www.jasso.go.jp/）のホームページに掲載されている研究計画書の実例集から自分の研究分野に近いものを選んで、どんな研究方法が使われているか、また、研究方法を述べるときにどんな言葉が使われているか調べてください。

第1部

第5課　研究方法を書く

第5課 研究方法を書く

大森チューター

研究方法は自分の研究目的に合ったものをよく考える必要があります。以下に、代表的な**データの収集方法**をいくつか紹介しますから、参考にしてください。収集した**データの分析方法**は各分野によってさまざまなので、先行研究を参考にするのがよいですが、例えば、以下のような方法があります。

- 量的データ（年齢や金額など数字で表せるデータ）の分析方法
  統計：この STEP の終わりのコラム（p.161 ～ 165）に掲載しているので、参考にしてください。
- 質的データ（数字で表せないデータ）の分析方法
  テキスト分析：コミュニケーション研究などで、文章や文字化した音声データをキーワードやコードで分類してまとめていく方法
  シナリオ分析：企業のリスク管理などで、将来起こりうるリスクを想定してシナリオを作成し、分析する方法
  SWOT 分析：企業の経営戦略の検討などで、プロジェクト・チームのメンバーが出した意見を表にまとめていき、S（強み）・W（弱み）・O（機会）・T（脅威）の４つの要素に分析する方法

代表的なデータの収集方法

1. 文献調査

文献調査は、今までその研究がどこまで進められてきたかを知るために、先行研究にあたるという方法で、すべての研究で必要なプロセスです。また、文学や歴史学などでは研究の中心となる方法です。

大森チューター

この課までに研究計画書を書く過程でも、文献調査を行ってきました。研究計画書を書くときに文献調査を行う主な目的は次のとおりです。
- 研究課題を探すための参考にする
- 判断の根拠として引用する
- 研究方法を考えるための参考にする

156

STEP1 | どんな研究方法があるかを学びましょう

執筆メモ18　ワークブックp.15に進み、第4課で検索した論文の参考文献リストから、「自分の研究に関連のある論文や書籍」を探してまとめてください。(特に、多くの論文の参考文献として挙げられているものを見つけたら、必ずメモしておくようにしてください。)

2. 実験

実験とは、仮説を立てて考えたことや理論が本当に正しいかどうかを確認するために、いろいろな条件を設定して試すことです。実験は工学、医学など、主に自然科学系の分野で用いられる手法ですが、言語学、教育学、心理学など人文・社会科学系の分野でもテストやロールプレイなどの実験が用いられることがあります。

問題4 ☆発展　以下の①〜④の研究目的を達成するためには、a〜dの中のどの実験方法を用いるのがいいでしょうか。[　]に記号を書いてください。

① [　] がん治療のために開発中の新薬の効果があるかどうか、確かめたい。

② [　] 日本人と韓国人が依頼をするときの話の進め方を比較したい。

③ [　] 外国人観光客がユビキタス観光案内システムを利用するとき、どんな標識なら理解しやすいかを調べたい。

④ [　] ある地域でマグニチュード7レベルの地震が発生した場合の被害の規模を予測したい。

a 対象者にそれぞれ違う情報を入力した端末を渡し、市内を歩いてもらう。コンピュータに記録された通過ルートを分析する。

b ネズミを使って、それぞれ違う条件のグループを作って様子を観察し、一定期間記録を続ける。

c プログラムにさまざまなパラメータを与え、コンピュータ上でシミュレーションを行う。

d それぞれのペアにロールカードを渡し、その指示にしたがって、ロールプレイをしてもらう。その様子を録音し、音声を文字化して分析する。

第1部

第5課　研究方法を書く

157

3. 現地調査

　現地調査は、社会学、教育学、生物学などの分野でよく用いられる方法です。室内で行われることの多い文献調査や実験に対して、研究対象となる場所へ実際に行き、生物や鉱物を採集したり、アンケートやインタビュー、参与観察などの**社会調査**を行って、文献では確認できない実態をつかむことができます。

4. アンケート

　アンケートは、質問項目を記載した**質問紙**を作成し、回答を記入してもらう方法です。多くの対象者から同時に大量の数値データを収集できることから、**量的調査**の１つとして分類されます。アンケートは、社会学、経営学、言語学、教育学、心理学など多くの分野で用いられる方法です。

　第３部コラム（p.206～p.211）にある論文「依頼場面における日本語とカイ語の談話展開－発話数と発話機能の差に注目して－」の終わりにある資料（アンケート）を参考に答えてください。

アンケートの質問項目

問題5 今まで回答したことのあるアンケートにはどのようなものがありますか。また、それらのアンケートにはどんな質問項目があったか振り返ってみましょう。

問題6 以下は日本語学習者を対象とした「敬語の使い方」に関するアンケートの質問項目の一部です。それぞれの質問のよくない点は何ですか。また、どのような質問に変えればいいでしょうか。考えてください。

① 日本語の敬語表現について、どう思いますか。
② 敬語は難しいので、使う必要はないと思いますか。
③ （アルバイトをしている人だけお答えください。）お客さんに対しては敬語を使い、学生のバイト仲間に対しては普通体で話していますか。
④ （アルバイトをしている人だけお答えください。）現在の時給はいくらですか。

【言葉】敬語表現：honorifics　　バイト仲間：coworkers at (their) part-time job　　時給：hourly pay

大森チューター

アンケートの質問項目を立てるときは以下のことに注意しましょう。
- 答え方に困ってしまうようなあいまいな質問はしない
- 答えの理由を限定してしまうような質問はしない
- 2つのことを同時に聞かない
- 答えたくないようなプライベートな質問はしない

アンケートの回答形式

問題7 アンケートの回答のしかたにはどんな形式がありますか。それぞれの形式のメリットとデメリットを考えてください。

	メリット	デメリット
選択式回答		例）・選択肢以外の回答があった場合、答えられない。
自由記述式回答		

5. インタビュー

インタビューは、質問者が対象者に対面し、口頭で質問をする方法です。少数の対象者から数値では測れない詳細なデータを収集できることから、**質的調査**の1つとして分類されます。インタビューは、社会学、経営学、言語学、教育学、心理学など多くの分野で用いられる方法です。

6. 参与観察

参与観察は、中長期間に渡って研究対象となる社会に滞在し、文書や音声、映像などで記録をとり、データ収集をする事例研究（ケース・スタディ）です。インタビューと同じで、質的調査の1つとして分類されます。社会学で特異な社会集団を研究する際に用いられるほか、経営学で特定の企業を対象にしたり、言語学、教育学、心理学などで家庭や学校を対象にしたりして、用いられることがあります。

問題 8 次の①〜③は、a〜cの調査方法のうちどれでしょうか。[　]に記号を書いてください。

---
a　アンケート　　b　インタビュー　　c　参与観察
---

① [　] あるサムアツ人留学生がアルバイトの場面で使っている敬語の種類と回数を記録し、分析を行って、コミュニケーション上問題となる敬語の使い方を明らかにしたい。

② [　] サムアツ人留学生を対象に、アルバイトの場面で適切に敬語が使えるかどうか記述式のペーパーテストを行う。そして、間違った答えを書いた学生を対象に、表現したいと思った内容をサムアツ語で答えてもらい、どの過程で間違いが生じたのかを分析する。

③ [　] サムアツ人留学生100名を対象に、アルバイトの場面でどのような敬語の使い方に困難を感じているかを調査したい。先行研究で指摘されている問題点をもとに質問項目を作成し、その項目にあてはまるかどうかを回答してもらい、コミュニケーションの実態を把握したい。

【言葉】場面：scene　　敬語の種類：variety of honorific　　回数を記録し、：(I) record the frequency, and　　分析：analysis　　コミュニケーション上：of communication　　使い方：usage　　対象：(research) subjects　　適切に：appropriately　　記述式のペーパーテスト：a short-answer test　　間違った：mistaken　　表現したい：(they) intended to express　　内容：content　　過程：process　　間違いが生じた：the mistakes arose　　困難を感じている：(they) find difficult　　先行研究で指摘されている：noted in prior studies　　質問項目を作成し、：(I) create question topics, and　　項目にあてはまる：a topic applies　　回答してもらい、：(I) have them answer, and　　実態を把握したい：(I) would like to understand (the) present condition

コラム 「統計—t検定」

統計は、アンケートなどで得た大量の数値データを分析して、その性質や傾向や規則性を知るために用いる方法で、工学、医学、生物学、経営学、経済学、言語学、教育学、心理学など幅広い分野で応用されています。統計は目的によって使い分けますが、ここではMicrosoft Excel®で簡単に試せるt検定を紹介します。

1. t検定とは

2つのグループの平均値に統計的に意味のある差(この差を有意差といい、t値で表します)があるかどうかを確認するためのテストです。t検定では、「統計的な差はない」という仮説を立て、その仮説が成立する可能性(p値)を計算します。p値が高い場合は「統計的な差がない可能性が高い」ことを、p値が低い場合は「統計的な差がない可能性は低い」つまり、「統計的に差がある可能性が高い」ことを意味します。p値が高いか低いかはp値の大きさによって、ふつう0.01か0.05、または0.1の水準で判断します。

2. 2つのグループの平均とは

例) どちらのクラスの学生がお金持ちでしょうか。

　　Aクラス(10人)の貯金額の平均　10万円
　　Bクラス(10人)の貯金額の平均　30万円

クラス＼学生	1	2	3	4	5	6	7	8	9	10	計	平均
A	10	9	11	10	11	9	10	9	11	10	100	10
B	255	5	5	5	5	5	5	5	5	5	300	30

本当にBクラスの学生のほうがお金持ちと言えるでしょうか。

平均値を比べると、Aクラスの10万円より、Bクラスの30万円のほうが高いのですが、その内容を見ると、Bクラスの学生のほうがお金持ちだとは言いきれないことが分かるでしょう。このようなときに、t検定を使うと、AクラスとBクラスの平均値に有意差があるかどうかを知ることができます。

3. Excelでt検定をする

① Excelを開いて、AクラスとBクラスのデータを入力する

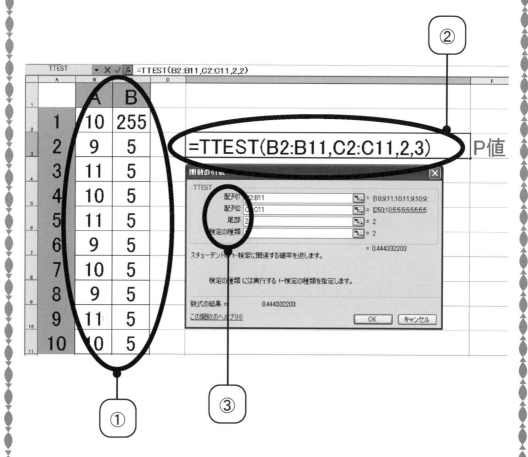

② 空いているセルでfx（関数）→ 統計 → TTEST を選択する（例ではセルE3を使用）

③ TTESTに必要な項目を入力する
- 配列1　Aクラス（1〜10）のデータ（例では、セルB2〜セルB11を範囲指定して選択）
- 配列2　Bクラス（1〜10）のデータ（例では、セルC2〜セルC11を範囲指定して選択）

▍尾部　片側検定の場合は「1」、両側検定の場合は「2」を入力する。(例では、両側検定)

・両側検定：AグループとBグループに差があるかどうかを調べる場合

・片側検定：AグループとBグループとの間に差があるのが明らかで、その差がどのぐらい大きいかを調べる場合（例えば、ある病気に効く薬を飲んだグループAと飲まないグループBの比較）

・両側検定より片側検定のほうが有意差が出やすい。

▍検定の種類「1」～「3」のどれか1つを入力する。(例では、「3」)

・「1」は対応のある2つのグループを比較する場合
　例えば、Aというある1つのクラス（同じメンバー）の1回目の試験の平均点と、2回目の試験の平均点を比較する場合に選択する。

・「2」は対応のない2つのグループで、分散に差がない場合
　「対応のないグループ」とは、例のAクラスとBクラスのように、メンバーの違う2つのグループのこと。また、「分散」とは、それぞれのデータが平均値からどのぐらい離れているかを示す値のことで、分散に差があるかどうかはFTEST（fx→統計→FTEST）で調べる。FTESTに必要な項目は「配列1」「配列2」で、TTESTと同様、Aクラス（1～10）のデータとBクラス（1～10）のデータを入力する。

・「3」は対応のない2つのグループで、分散に差がある場合
　例では、FTESTの結果、$p = 1.76945E - 16 < 0.01$ となり、分散に差があることが分かる。p値がE－（マイナス）の表示になる場合は、差がない確率がとても低い（差がある確率がとても高い）ことを意味していて、$p < 0.01$ と理解する。

④　p値を求める
　③の結果、セル上にp値が表示される。(例ではセルE3)
　例では、$p = 0.444 > 0.1$ となり、AクラスとBクラスの平均値に有意差がないことが分かる。

⑤ 空いているセルで fx（関数）→ 統計 → TINV を選択する（例ではセル E５を使用）

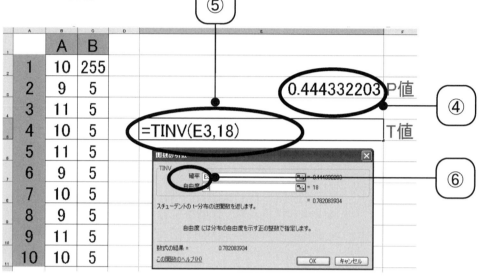

⑥ TINV に必要な項目を入力する
- 確率　p値が表示されているセルをクリックする。（例では、セルE３）
- 自由度　対応のある検定の場合は、データ数（回答者数など）の合計から１を引いた数。対応のない検定の場合は、データ数（回答数など）から２を引いた数。（例は、対応のない検定で、ABクラスの合計データ数は20なので、20 − 2 = 18 で、自由度は「18」になる）

⑦ t値を求める
⑥の結果、セル上にt値が表示される。（例ではセルE５）

t(18)=0.782　p=0.444＞0.1

4．t検定の結果を論文に書く
t検定の結果は、次のように表します。
t（自由度）＝t値　　p＝p値＜0.01（水準はp値の大きさによって変わる）

有意差がない場合（例の場合）

AクラスとBクラスの貯金額の平均は、Aクラスが10万円、Bクラスが30万円で、Bクラスが20万円平均を上回っていた。この差が統計的にも意味のある差であるかどうかを確認するために、t検定を行ったところ、有意差は見られなかった（$t(18) = 0.78$　$p = 0.424$）。

有意差がある場合

t検定を行ったところ、1％水準で有意差が見られた（$t(18) = 4.094$　$p = 0.003 < 0.01$）。

t検定を行ったところ、5％水準で有意差が見られた（$t(18) = 2.82$　$p = 0.024 < 0.05$）。

有意傾向が見られる場合

t検定を行ったところ、10％水準で有意傾向が見られた（$t(18) = 1.234$　$p = 0.078 < 0.1$）。

大森チューター

統計はSPSSやSASなどの統計解析ソフトウェアを使って行うのが一般的です。統計には回帰分析、分散分析、相関分析などさまざまな種類があるので、先行研究に出てきた方法は、統計学の入門書を読むなどして勉強しておきましょう。以下のサイトでも初歩から統計学を学ぶことができるので、参考にしてください。

- 早稲田大学人間科学学術院　向後千春研究室
  ハンバーガーショップで学ぶ楽しい統計学—平均から分散分析まで—
  http://kogolab.chillout.jp/elearn/hamburger/
- 関西学院高等部　丹羽時彦教諭
  放課後の数学入門—統計（数学C）—
  http://www.kwansei.ac.jp/hs/z90010/hyousi/2106.htm

（2019年4月現在）

第5課 研究方法を書く

問題 9 ☆発展　以下は、第3部コラム（p.206～p.211）にある論文「依頼場面における日本語とカイ語の談話展開－発話数と発話機能の差に注目して－」の発話数調査の集計データです。このデータを使って、t検定をしてください。そして、論文に書いてある結果と一致するかどうか確かめてください。

日本語母語話者 20 名（No.1～20）、カイ語母語話者 20 名（No.21～40）に対して行った発話数調査の結果

＊数字は場面①と②の move 数を合計した各対象者の総 move 数

	No.1	No.2	No.3	No.4	No.5	No.6	No.7	No.8	No.9	No.10
日本	14	20	17	15	16	16	18	9	19	16
	No.11	No.12	No.13	No.14	No.15	No.16	No.17	No.18	No.19	No.20
	17	16	16	19	13	17	18	20	16	18
	No.21	No.22	No.23	No.24	No.25	No.26	No.27	No.28	No.29	No.30
カイ	11	10	12	7	15	13	11	12	16	11
	No.31	No.32	No.33	No.34	No.35	No.36	No.37	No.38	No.39	No.40
	12	10	11	9	12	7	11	11	9	12

北田教授　研究方法が充実しているかどうかは、わたしたちが特にチェックするポイントです。どんなにすばらしい研究でも、その目的を達成するための方法がなければ、実現はできませんし、研究方法はしっかりとした専門知識がなければ書けない部分だからです。自分の研究目的にふさわしい方法を考えるためには、志望する指導教員の先行研究をきちんと読んで、どんな方法が用いられているかを勉強しておかなければなりません。さらに、大学院生が在学中に可能な方法かどうか**実現性**についてもよく考えてください。

STEP2 | 研究方法を考えましょう

STEP 2 研究方法を考えましょう

ここでは、自分の研究目的を達成するためにどんな研究方法が適当かを考えます。例として、ボンさんが研究方法を決めていった過程を見てみましょう。

ボンさんの研究目的

そこで、本研究では、①トヨタのロシアにおける経営移転について社内会議体の構築およびコーディネーター制の点から整理したうえで、②ハレハレ自動車のサンクトペテルブルグ工場における部門間のコミュニケーションについて調査し、③それが経営活動や業績に与える影響を明らかにすることを目的とする。

①と②は調査が必要なことで、③は、①と②の結果から考察することです。ですから、「研究方法」は、①と②の調査をどのように行っていくか、具体的に考えました。

ボンさん

文献調査で収集するデータ

問題1 留学生のボンさんが研究方法①のデータを集めるには、a～cのうち、どの方法が可能だと思いますか。実現性があると思うものに○をつけてください。

a ［　］トヨタ自動車に行って、アンケート調査をする

b ［　］トヨタ自動車に行って、インタビュー調査をする

c ［　］トヨタ自動車に関するさまざまな文献を集める

第5課 研究方法を書く

問題2 研究方法①では、具体的にどんなデータが必要だと思いますか。例のように挙げてください。

調べる必要があること	必要な文献・データ
例）・トヨタの海外経営移転の歴史	例）・トヨタの社史、先行研究
・経営、組織に関する理論	・専門書、先行研究

ボンさん

> 調べてみたら、トヨタの経営に関する論文はたくさんありました。また、トヨタの社史も出版されていることが分かりました。

執筆メモ19 ワークブックp.15に進み、自分の研究にはデータ収集の方法として文献調査が必要かどうか、また、必要な場合は、どんな種類のデータが必要か考えて、「文献調査で収集するデータ」を挙げて書いてください。

　ボンさんは、研究方法②（ハレハレ自動車のサンクトペテルブルグ工場における部門間のコミュニケーションの実態調査）の調査方法がよく分からないので、先行研究ではどのような調査方法が使われているか調べてみることにしました。

調査の概要

問題3 以下は、「自動車部品企業における品質管理技術の海外移転」という論文の一部です。以下の①～③に答えられるよう、文章の中から必要な情報を探してください。（文章を全部読む必要はありません。）
＊この論文は実際には存在しません。

① どうしてインタビューだけでなく、アンケート調査も行ったのでしょうか。

② 調査対象を決めるときはどんな点に注意したらいいでしょうか。

③ インタビューやアンケートで回答を得るときは、どんなやり方がありますか。

3 品質管理技術の海外移転の現地実態調査

筆者は第1章で述べた自動車部品企業における品質管理技術を海外移転する際の課題について、実態を把握するために、海外現地法人を対象としたインタビュー調査を行った。また、インタビュー調査の補足を目的として、日本の本社と海外現地法人を対象としたアンケート調査を実施した。調査の実施にあたっては、まずアンケートの対象を選定し、アンケートに回答した企業の中からインタビューの対象を選定した。

3.1 アンケート調査の概要

① 調査目的　：インタビュー調査の補足
② 調査期間　：2004年10月
③ 調査対象　：『海外進出企業総覧2003』を参考に、海外に進出している主な自動車部品企業388社、7か国を対象にアンケートを依頼した。なお、回答は日本人以外の現地スタッフに依頼するため、各国語に翻訳した。
④ 調査方法　：Web上のメールフォーム、Eメール、Faxにより回収した。
⑤ 回答企業数：49社から回答が得られた（回収率12.6%）。うち、最も回答数が多かったのはタタバンチュ国で18社、2番目はカイ国で12社であった。

3.2 インタビュー調査の概要

① 調査目的　：日本の自動車部品企業における品質管理技術の海外移転の実態調査
② 調査期間　：2004年12月23日～25日
③ 調査対象　：アンケート調査の回答数が2番目に多く、予算や日程等の条件に合うという理由から、インタビューの調査先としてカイ国を選択した。12社に依頼をしたところ、3社から協力が得られたため、カイ国の現地法人3社をインタビューの対象とした。
④ 調査方法　：23日はA社、24日はB社、25日はC社を訪問し、それぞれ2～3時間程度のデップス・インタビューを実施した。A社、B社はManaging Director（取締役）が、C社はPresident（社長）が回答した。

＊デップス・インタビュー：1つの課題について深く掘り下げて質問する形式

大森チューター

> アンケート調査やインタビュー調査を行う場合は、以下のような調査の**概要**を詳しく考えておく必要があります。また、大学院生が在学期間中に個人レベルで実現可能な調査かどうかも重要なポイントです。
> ◉ 調査目的　◉ 調査期間　◉ 調査対象
> ◉ 調査方法（直接調査に行くのか、メールやWebを使うのか）

第5課 研究方法を書く

ボンさん

ほかにも、経営の海外移転に関する先行研究を見てみましたが、多くの論文で「文献調査」、「アンケート調査」、「インタビュー調査」、「参与観察」というデータの収集方法が使われていることが分かりました。そこで、それぞれの方法のメリット、デメリットや実現性を考えるため、表にして検討しました。

調査の実現性

問題4 以下は、ボンさんが先行研究を参考に、研究方法②（ハレハレ自動車のサンクトペテルブルグ工場における部門間のコミュニケーションの実態調査）について考えるために作ったメモです。表の［　］に適当な言葉を入れて、それぞれの方法のメリットやデメリットを考えて書いてください。

方法 項目	アンケート	インタビュー	参与観察
調査目的	部門間の異文化コミュニケーションの実態を把握する。		
［　　　］	ハレハレ自動車サンクトペテルブルク工場で働くロシア人・サムアツ人従業員		
実態把握のしやすさ	紙面からは十分な実態把握はできない。特に、選択式回答の場合は、詳細が把握できない。		直接、自分の目で見られるし、ビデオに撮って、事実を記録できるので、客観的に実態把握ができる。
データの信頼性		回答者自身の評価なので、客観的に見て正しいかどうかは分からない。質問のしかたによって、回答に影響が出るおそれがある。	データ自体は客観的だが、分析の際に観察者の主観が入るおそれがある。
調査期間	短い。 1度にまとめてできる。		
対象者数		1人ずつしかできない。	
［　　　］	メールやFaxで調査すれば、費用がかからない。		実際に現地に行くので交通費や滞在費がかなりかかる。
調査依頼方法 データ収集方法			現地に行く。 モスクワのハレハレ自動車の輸入販売会社の知人に頼めば、サンクトペテルブルク工場での調査の許可が得られる。
調査時期	修士1年の春休みに実施する。知人を通じて調整する。		
質問項目 観察の観点	文献調査で明らかになったトヨタの経営移転の特徴と比較する。 入学後に文献調査をして検討する。		

STEP2｜研究方法を考えましょう

ボンさん

それぞれの方法について、具体的な項目を挙げ、メリットやデメリット、実現性を考えた結果、次のように決めました。

問題 5　問題4の検討結果をもとに、ボンさんがどのような調査方法に決めたかを考え、［　　］に書いてください。

ボンさんの調査方法

メインの調査　［　　　　　　　　　　　］
　　　　　実態把握には最も理想的で、実現の可能性も高いため。

補足的な調査　［　　　　　　　　　　　］
　　　　　自分の分析が妥当かどうか、対象者に確認するため。
　　　　　先行研究を参考に、メインの調査で問題になった点について、深く掘り下げて質問を行い、対象者の意識を調査する。

大森チューター

自分の研究目的を達成するために適切な研究方法を考えましょう。データの収集方法は、必ずしも1つとはかぎりません。また、研究方法を考えるときに必要な概要（表の項目の立て方）は分野によって違います。次は理科系で行われる実験の概要も見てみましょう。

実験の概要

問題 6 ☆発展　次の文章は生物学系の研究計画書の一部です。これを読んで、研究方法の部分を前のページの問題4のように、まとめてください。そして、研究方法を検討するときにはどんな観点が必要か考えてください。

地域環境がプランクトンの発生に与える影響
－バンチュ湾におけるプランクトンの生態調査をもとに－

研究動機・背景

　プランクトンは生態系の中で最も大量に酸素を生み出す重要な生物である。また、プランクトンは食物連鎖の生産者であり、水産業にとっても大きな役割を果たしている。一方で、過剰に発生すると、水質が悪化し、周辺の生物にも影響を及ぼす。

　現在、タタバンチュ国の西部にあるバンチュ湾は、水産業にとって主要な港であるにもかかわらず、観光地であるために住宅が密集し、廃水による栄養過多でプランクトンの大量発生が頻繁に起きている。したがって、将来的に対策を提案するために、プランクトンの生態調査を行い、実態を把握する必要がある。

　卒業論文において、プランクトンは水質と期間によって変わることが分かったが、どのような環境がその変化に影響を及ぼすかについては明らかにできなかった。

　このようなことから、タタバンチュと同様、海に囲まれていて、海洋生物の研究が進んでいる日本でプランクトンに関する研究を続けて研究したいと考えた。

研究目的

　本研究では、バンチュ湾内の異なる環境の3か所でプランクトンを採集し、その種類と数量を比較分析することを目的とする。

研究方法

　バンチュ湾において、1）二枚貝の養殖地、2）建造物を建築中の湾内の小島、3）汚水を廃水している住宅地近辺の3地点でプランクトンを採集する。プランクトンネット（22micron、diameter50cm）を用い、2010年7月～10月までの夏休みを利用して4か月間に月1回ずつ採集を行う。

　採集後は、プランクトンサンプルを4％のホルマリン液（Formalin Solution 4％）の中で保存し、$V = \pi r^2 d$ の計算式でプランクトンネット内の水量を計算する。（V = volumn、r = plankton net mount radial、d = distance）そして、Ladda（2001）、Carmelo（1980）に従ってプランクトンの種類を分類すると同時に、顕微鏡により $1cm^3$ あたりの各種プランクトンの数量を確認し、採集時期と採集地点によってプランクトンの種類や数量がどのように異なるかを比較する。

調査・実験の概要

採集方法	[　　　　　]	1）二枚貝の養殖地　2）建造物を建築中の湾内の小島　3）汚水を廃水している住宅地近辺
	[　　　　　]	2010年7月～10月
	[　　　　　]	月1回×4回
	[　　　　　]	プランクトンネット（22micron、diameter50cm）
観察方法	サンプルの保存方法	4％のホルマリン液の中で保存
	[　　　　　]方法	$V = \pi r^2 d$（V = volumn、r = plankton net mount radial、d = distance）
	[　　　　　]方法	Ladda（2001）、Carmelo（1980）による
	[　　　　　]方法	顕微鏡を使用、1cm³あたり
＊3地点それぞれにおいて観察を行い、プランクトンの種類と数量の比較分析を行う。		

大森チューター：ボンさんのように、どの研究方法を用いるかを検討しなければならない場合もあれば、問題6の実験のように方法がはっきりと決まっている場合もありますが、どちらの場合でも調査対象や期間、実施場所、データの収集方法、分析方法、使用機器など項目を立てて概要を考えておく必要があります。

執筆メモ20　ワークブックp.16に進み、研究方法の参考となる先行研究を探して読み、「調査や実験の概要」を考えてください。

執筆メモ21　ワークブックp.16に進み、執筆メモ19と20をもとにして、「研究方法」を文章にして書いてください。STEP1で学んだ研究行動を表す言葉の使い方にも注意してください。

第5課 研究方法を書く

第5課のまとめ

質問

1．研究計画書の「研究方法」にはどんな内容を書きますか。

2．研究方法を述べるときはどんな言葉を使いますか。

3．データの収集方法にはどんな方法がありますか。

4．統計はどんなときに使いますか。

5．調査や実験を行う前に、どんなことを考えておかなければなりませんか。

重要な言葉

- □ ①研究行動（を表す言葉）
- □ ②データの収集方法
- □ ③データの分析方法
- □ ④統計
- □ ⑤文献調査
- □ ⑥実験
- □ ⑦現地調査
- □ ⑧社会調査
- □ ⑨アンケート
- □ ⑩質問紙
- □ ⑪量的調査
- □ ⑫インタビュー
- □ ⑬質的調査
- □ ⑭参与観察
- □ ⑮事例研究
- □ ⑯（研究方法の）実現性
- □ ⑰（調査／実験の）概要

174

第2部

口頭で説明しよう！

第2部では、第1部で書いた研究計画書の内容を口頭で発表できるようにします。また、大学院入試の口頭試問できちんと答えられるように準備します。

第2部

研究計画の内容を口頭で説明する

口頭試問の準備をする

プレゼンテーションの準備をする

第2部 研究計画の内容を口頭で説明する

STEP 1 プレゼンテーションの準備をしましょう

　大学院の入試には、口頭試問の際に研究計画の**プレゼンテーション**が課されることがあり、特に博士課程の受験では重視される傾向があります。

　ここでは、完成した研究計画書をもとに、パソコンのプレゼンテーションソフトを使って**発表資料**を作り、**発表原稿**を用意します。プレゼンテーションソフトは、大学院の試験でも指定されることが多い Microsoft PowerPoint® (以下、**パワーポイント**と言うことにします）を使うことにします。

　この STEP の具体的な学習内容は、①**スライド**の全体の流れ、②スライドを作るときの注意点、③発表原稿を作るときの注意点、④プレゼンテーション直前の準備の4つです。

スライドの全体の流れ

　研究計画のプレゼンテーションは、パワーポイントのスライドを見せながら進めていきます。以下は、ボンさんが作ったパワーポイントのスライドです。

1枚目

　研究計画の概要
　2009年2月5日
　受験番号：1001
　発表者：ボン・ジーン

2枚目

研究テーマ
　ハレハレ自動車のロシア現地工場における
　部門間のコミュニケーションに関する研究
　ートヨタ自動車との比較をもとにー

3枚目

研究背景(1)
　ロシアでの外国車の売れ行き好調 ← 経済成長／個人消費拡大
　2006年自動車市場の半分が外国ブランド
　(三菱UFJリサーチ＆コンサルティング調査部,2007)
　↓
　ロシアの外国車市場における今後の可能性

4枚目

研究背景(2)
　ハレハレ自動車のロシアへの経営移転
　2003年〜　販売実績の低迷
　2009年　現地工場がスタート
　↓
　ハレハレ自動車がロシアへの経営移転を成功させるための方策が必要

途中省略

〜

最後

参考文献
1) 平賀英一(2005)「1980年代のトヨタの豪州経営：組織外部性維持の経営が与えた教訓」『東海学園大学研究紀要 経営・経済学研究編』10A, pp.91-111
2) 平賀英一(2006)「トヨタの海外移転モード」『東海学園大学研究紀要 経営・経済学研究編』11, pp.59-75

178

STEP1 プレゼンテーションの準備をしましょう

大森チューター

スライド全体の基本的な構成は次のとおりです。
◎ 1枚目：表紙
「研究計画の概要」という見出し、試験日、受験番号、氏名
◎ 2枚目：研究計画のタイトル
「研究テーマ」という見出し、自分の研究計画書と同じタイトル
◎ 3枚目以降：研究計画の構成項目ごとのスライド
・見出しをつけて、1枚のスライドに1つのトピックをまとめます。
・1つのトピックの内容が多い場合は、「研究背景（1）」「研究背景（2）」というように、何枚かに分けます。
・ポンさんのプレゼンテーションは、「研究動機・背景」→「研究目的」→「研究意義」→「研究方法」→「参考文献」の順ですが、先に「研究目的」を言ってから「研究動機・背景」を説明するパターンもあります。
・1枚平均30秒〜1分を目安に、指定された**制限時間**に合わせて内容を調整します。スライドによってかかる時間は違うので、時間を計って確認しましょう。
・プレゼンテーションが長い場合は、2枚目の「研究テーマ」のスライドの次に「目次」のスライドを入れて、全体の構成を先に示すと分かりやすいです。

スライドを作るときの注意点

問題1 次のスライドAとBではどちらが見やすいでしょうか。2つを比べてスライドを作るときに注意すべき点を考えてください。

A

研究背景（1）

• ロシアは外国車の売れ行きが好調である。三菱UFJリサーチ＆コンサルティング調査部（2007）も2006年にはロシアの自動車市場の半分が外国ブランドを占めるまでになったと言っている。ロシアでは経済が成長して個人消費が拡大しているため、今後もっと外国車が売れるようになるだろう。

B

研究背景（1）

ロシアでの外国車の売れ行き好調 ← 経済成長／個人消費拡大
2006年自動車市場の半分が外国ブランド
（三菱UFJリサーチ＆コンサルティング調査部,2007）
↓
ロシアの外国車市場における今後の可能性

第2部 研究計画の内容を口頭で説明する

第2部 研究計画の内容を口頭で説明する

大森チューター

スライドは、口頭で発表している内容を聞いている人によく理解してもらうために見せるものです。聞いている人は、聞くことと見ることを同時にするので、スライドは一瞬で分かるようなものにします。
- **フォント**（文字）は MS ゴシック、最低でも 28 ポイント以上の大きさにする
- **箇条書き**（名詞や普通の形で終わる書き方…第1部-第2課 Step3 p.56〜62 を参考にしてください）にし、1つの言葉の途中で行が変わらないようにする
- **記号**（⇨ ⇩、①②③、〜 / etc. など）を活用する
- 各スライドの最後に「自分の判断」を書いて、まとまりをよくする

問題2 次のスライドAとBの問題点を考えてください。

A
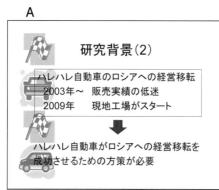

B
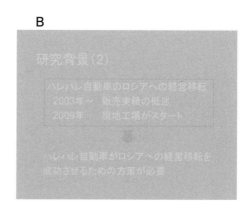

大森チューター

パワーポイントには、いろいろなスライドのデザインがあります。また**アニメーション**の機能で、文字が出てくるタイミングを調整することもできます。工夫によってプレゼンテーションを印象づけ、効果的なものにすることができますが、以下の点に気をつけましょう。
- デザインが文字の邪魔にならないようにする
- スライドの色と文字の色をはっきり見やすい組み合わせにする
- 聞いている人が内容に集中できるように、スライドごとにデザインを変えたり、必要以上にアニメーションを使ったりしないようにする

STEP1 プレゼンテーションの準備をしましょう

発表原稿を作るときの注意点

スライドができたら、それにもとづいて発表原稿を用意します。発表原稿は、プレゼンテーションを制限時間内にきちんと終わらせるために必要なものです。

では、ボンさんの例を参考にしながら、発表原稿を作るときの注意点を学びましょう。

問題3　発表原稿の初めの部分を見てください。どんな文体や言葉を使っていますか。

ボンさんの発表原稿
受験番号1001番のボン・ジーンと申します。よろしくお願い致します。
これから研究計画の概要について発表を始めたいと思います。

大森チューター
プレゼンテーションの日本語は「**です・ます体**」に統一します。
ただし、初めの自己紹介と**あいさつ**は**敬語**を使うようにしましょう。

問題4　研究計画書と発表原稿を比べてください。プレゼンテーションのときはどんな工夫をしていますか。

ボンさんの研究計画書
……ハレハレ自動車は、2003年にロシアでの輸入販売を開始したが、販売実績は日本やアメリカの自動車会社ほどではない。

ボンさんの発表原稿
……ハレハレ自動車は、2003年にロシアへの販売を始めました。しかし、ハレハレ自動車の販売実績は日本やアメリカに比べて、いいとは言えません。

大森チューター
◎ 漢語より**和語**を使う
漢語は同じ発音で違う意味の言葉がたくさんあります。また発音が似ている言葉もたくさんあるため、発音が正しくないと意味が伝わりません。
◎ 文は短くする
長い文は接続詞（「しかし」「そして」など）を使って2つに分けましょう。

第2部　研究計画の内容を口頭で説明する

| 問題 5 | 研究計画書と発表原稿を比べてください。プレゼンテーションではどんな工夫をしていますか。

ボンさんの研究計画書
私は大学時代にサムアツにあるおもちゃ会社、トイ・クモリンの生産ラインで働いた経験があるが、部品調達部門とのコミュニケーションが……。

ボンさんの発表原稿
私は大学生のとき、サムアツにあるトイ・クモリンというおもちゃ会社でアルバイトをしたことがあります。生産ラインで働いていたのですが、そのとき部品調達部門との……。

大森チューター

- 「大学時代にサムアツにあるおもちゃ会社、トイ・クモリンの生産ラインで働いた経験」のように名詞を説明する部分が長いときは、いくつかの文に分けて、聞いている人が理解しやすいようにしましょう。
- 人名・地名など聞いている人が知らないと思われる言葉は「〜という（人／所）」を使って説明するようにしましょう。

| 問題 6 | 研究計画書と発表原稿を比べてください。プレゼンテーションではどんな工夫をしていますか。

ボンさんの研究計画書
研究方法
1. 文献調査
   オープンデータ、社史などトヨタ自動車に関する資料を収集し、……部門間コミュニケーションのあり方について考察する。
2. 参与観察
   ハレハレ自動車サンクトペテルブルグ工場における部門間の異文化コミュニケーションの実態を把握するため、……参与観察を行う。モスクワの……。
3. ヒアリング調査
   参与観察の分析結果を補足するため、ヒアリング調査を行う。形式はデップス・インタビューとし、参与観察で問題になった点について、対象者の意識を……。

STEP1 プレゼンテーションの準備をしましょう

ボンさんの発表原稿

では、研究方法について説明します。研究方法は3つあります。第1に、文献調査です。収集する資料は……。第2に、ハレハレ自動車サンクトペテルブルグ工場の部門間コミュニケーションの実態を調査します。現地工場へ実際に行き、……。そして、第3に、参与観察の分析結果を補足するために、ヒアリング調査を行おうと考えています。……

大森チューター
- 「いくつかのことを並べて説明するときは、先に全部でいくつあるか予告しましょう。
- 「では」や「まず」「次に」「最後に」、「第1に」「第2に」「そして、第3に」など構成の順序を表す言葉を使って、全体の流れを分かりやすくしましょう。

問題7 発表原稿の最後の部分を見てください。発表はどのように終えたらいいでしょうか。

ボンさんの発表原稿

最後に、参考文献はこちらです。
以上で、研究計画の概要についての発表を終わります。ありがとうございました。

大森チューター
最後まで聞いている人の立場に立って、気持ちよく発表を終えるようにしましょう。
- 参考文献リストは、1つひとつ読み上げない
- プレゼンテーションが終わったら、試験官の目を見てあいさつする
（終わりには、「よろしくお願いします」とは言わない）

発表原稿ができたら、制限時間内に発表できるか時間を計って確認しましょう。短かったり長すぎたりしたら、ちょうどよくなるように調整してください。そして、制限時間にきちんと収まる原稿ができたら、何度も練習して、原稿を見なくても説明できるようにしましょう。

第2部　研究計画の内容を口頭で説明する

プレゼンテーション直前の準備

パワーポイントと発表原稿ができたら、試験当日までに①〜③の準備をしましょう。

① ファイルの保存
　必ず指定された機器に対応する**メディア**（USBメモリーやSDメモリーカードなど）に保存します。実際のプレゼンテーションのときにファイルが開かなかった、ということのないようにしましょう。

② 配布資料のプリントアウト
　配布資料を用意する必要がなくても、機器にトラブルが起きたときに備えて、パワーポイントのスライドを印刷し、何部かコピーしておきます。スライドにいろいろな色を使っている場合は、白黒で印刷したとき見にくくなることがあるので気をつけましょう。

③ リハーサル
　クラスメートや知人に試験官になってもらい、**リハーサル**をしましょう。以下の点について厳しくチェックしてもらい、問題があったところは実際の試験までにきちんと直すようにしましょう。

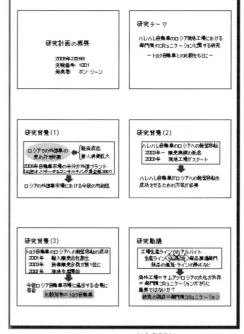

スライドの印刷例

▌発表姿勢	・発表原稿に頼りすぎず、相手を見て話していましたか。
▌日本語	・です・ます体や和語を使っていましたか。1文が長すぎませんでしたか。 ・発音が原因で、内容が分かりにくい点はありませんでしたか。
▌パワーポイント	・文字量、フォント、箇条書き、記号などが適切で、見やすかったですか。 ・スライドに書いてあることと話している内容が合っていましたか。
▌発表内容	・接続詞や話の順序を表す言葉を使って、分かりやすい論理展開でしたか。 ・動機・背景、目的、意義がつながっていましたか。目的に合った研究方法になっていましたか。先行研究と研究計画との関連は適切でしたか。

STEP2 | 口頭試問の準備をしましょう

STEP 2 口頭試問の準備をしましょう

　大学院の入試において、**口頭試問**は非常に重視されます。口頭試問では一般の面接で聞かれるような質問のほかに、研究活動を行うために必要な素質があるかどうかが問われます。具体的には、専門に関する知識、研究計画の具体性、論理的・分析的な思考力、ゼミやプロジェクトチームの一員としての協調性などです。
　STEP 2では、口頭試問でよく聞かれる質問と、その答え方を学びます。

口答試問でよく聞かれる4つの質問

問題1 ボンさんの答えを読んで、面接官がどんな質問をしたか考えてください。また、ボンさんの答え方のいい点を挙げてください。

> ボンさんの答え
> 面接官：_____
> ボ ン：はい、私はトヨタ自動車がロシアで成功していることを参考にして、ハレハレ自動車サンクトペテルブルグ工場の経営移転について研究したいと考えています。トヨタに関する資料を集めるには日本が最適です。それで、日本に来ました。

大森チューター

- 留学先に日本を選んだ理由はよく聞かれる質問の1つです。「アニメやマンガを通して子どものときから日本に興味があったからです」というような答えでは、決して面接官は納得してくれません。どうして日本で研究するのか、自分の研究計画と関係のある答えをしましょう。
- 言葉遣いは「です・ます体」に統一し、1文が長くならないように注意しましょう。過剰な敬語を使う必要はありません。心を込めて、研究への意欲を論理的に伝えることが大切です。
- 質問を受けたら「はい」と返事をして、質問を理解したことを示しましょう。また、理由を質問されたときには、答えの最後に「それで～」という表現を使うと、まとまりがよくなります。

第2部　研究計画の内容を口頭で説明する

第2部 研究計画の内容を口頭で説明する

問題2 ボンさんの答えを読んで、面接官がどんな質問をしたか考えてください。また、ボンさんの答え方のいい点を挙げてください。

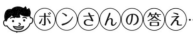

面接官：＿＿＿＿＿＿＿＿＿＿＿＿＿＿＿＿＿＿＿＿＿＿＿＿＿＿＿＿＿＿＿

ボ　ン：はい、ハレハレのサンクトペテルブルグ工場ではサムアツ人とロシア人が一緒に働いていることから、私は異文化に属する従業員同士の部門間コミュニケーションを調査するつもりです。こちらの大学院の海渡先生は「経営の海外移転」がご専門で、日系企業の海外事業所を対象にフィールドワークを続けていらっしゃいます。ですから、ぜひ海渡先生の下で研究したいと考えています。それから、こちらの研究科にはロシア経済に詳しい北田先生がいらっしゃいます。ロシアの自動車事情について研究するためには、経営だけでなくロシアの経済も学ぶ必要があります。それで、私はこちらの大学院に進学したいと思っています。

大森チューター：「なぜうちの大学院なのか」という質問も一般的です。情報をしっかり集めて、自分が研究したいことと指導教員の研究分野との関係、その大学院で研究することのメリット、ほかの大学院でできないことなどを答えられるようにしましょう。「有名だからです」というような答えは絶対にしてはいけません。

問題3 ボンさんの答えを読んで、面接官がどんな質問をしたか考えてください。また、ボンさんの答え方のいい点を挙げてください。

ボンさんの答え

面接官：＿＿＿＿＿＿＿＿＿＿＿＿＿＿＿＿＿＿＿＿＿＿＿＿＿＿＿＿＿＿＿

ボ　ン：はい、大学ではロシア語とロシア文学を専攻していました。在学中に1年間、語学のスキルアップのためロシアに留学もしました。ですから、ハレハレのサンクトペテルブルグ工場でデータを取るときにはロシア語の力を生かすことができると思います。また、一般教養科目として「異文化コミュニケーション学」や「統計学」も履修しました。それらの知識も、これからの研究に活用できると思います。

大森チューター：大学でどんな勉強をしたか質問されたら、専攻以外の科目についても大学院での研究課題と関係のあるものについて答えましょう。

STEP2 | 口頭試問の準備をしましょう

問題4 ボンさんの答えを読んで、面接官がどんな質問をしたか考えてください。また、ボンさんの答え方のいい点を挙げてください。

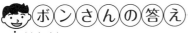

面接官：＿＿＿＿＿＿＿＿＿＿＿＿＿＿＿＿＿＿＿＿＿＿＿＿＿＿＿＿＿＿＿＿＿

ボ　ン：はい、ロシアに語学留学して、ロシア国内の外国車市場に興味を持ったのがきっかけです。私が留学していたとき、ロシアはまだ国産車が多かったのですが、トヨタの車だけはとても人気がありました。それに対して、サムアツのハレハレ自動車に乗っている人はいませんでした。それなのに、ハレハレも2009年から現地工場で製造を始めるというニュースを聞いて、心配になりました。そして、ハレハレとトヨタの経営を比較する必要があると考えました。それで、大学院では専門をロシア語から異文化経営に変えて研究することにしました。経営学の基礎知識については、サムアツの大学で経営学部にいた友人に教科書を譲ってもらい、自分で勉強しました。

大森チューター

大学院での講義や研究は、大学で学んだことがもとになって進められるので、面接官は希望する大学院の専攻が大学の専攻と違っていると、「大学院の授業についてこられるだろうか」とか、「この学生は飽きっぽいのではないか」などと心配します。
専攻を変えた場合、その理由と、学部レベルの専門知識は身につけてあるということをきちんと伝えましょう。
口頭試問でよく聞かれる質問をまとめると、
◉ なぜ日本に留学したのか
◉ なぜこの大学院を希望するのか
◉ 大学ではどんなことを勉強したか
◉ なぜ専攻を変えたのか
の4つです。どの質問に対しても、研究計画に関連づけて答えるようにしましょう。

第2部　研究計画の内容を口頭で説明する

質問の意図

問題5 次の質問に対してどのように答えますか。面接官が心の中で知りたいと思っていることをヒントに、自分の答えを考えてください。

①面接官：大学院修了後は、どうするつもりですか。

> ①研究の成果を将来、どのように生かしていくつもりかしら？

②面接官：日本語はどのくらいできますか。

> ②日本人とディスカッションできるかしら？それに修士論文は書けるかしら？

問題6 次の質問に対してどのように答えますか。
この質問をした面接官が知りたいことは何か考えてから答えてください。

①面接官：アルバイトはしていますか。
　面接官が知りたいこと：_____

②面接官：英語はどのくらいできますか。
　面接官が知りたいこと：_____

大森チューター：予想していなかった質問をされた場合も、慌てずに面接官がその質問をした意図を考えて、それに合った内容を答えるようにしましょう。

研究計画に関する質問

問題7 ボンさんの答えを読んで、面接官がどんな質問をしたか考えてください。

> **ボンさんの答え**
>
> ボン：私はトヨタ自動車がロシアで成功していることを参考にして、ハレハレ自動車サンクトペテルブルグ工場の経営移転について研究したいと考えています。トヨタに関する資料を集めるには日本が最適です。それで、日本に来ました。
>
> 面接官：そうですか。_____
> _____
>
> ボン：はい、確かに日本だとハレハレのデータを集めるのは大変です。ですから、ハレハレのデータについては、実際にサンクトペテルブルグ工場まで行って取ってくる予定です。ハレハレ・ロシアには知人がいて、データ収集をさせてくれ

ることになっています。ただ、どういう観点でデータを集めるかとか、どのようにデータを分析するかということについては、トヨタを対象にした先行研究をいろいろと参考にしようと思っています。トヨタの経営については多くの研究があるので、研究を進めるにはやはり日本が一番いいと考えています。

大森チューター：研究計画書の内容や口頭試問の答えの中に、論理が矛盾している点やあいまいな点があったりすると、必ず質問されます。口頭試問の前に、計画書に書ききれなかったことやあいまいな点がないか、よく検討しておきましょう。

問題8 ボンさんの答えを読んで、面接官がどんな質問をしたか考えてください。

ボンさんの答え

面接官：ボンさんの研究計画ではハレハレのサンクトペテルブルグ工場での部門間コミュニケーションを調査するということですが、工場にはいろいろな部門がありますよね。＿＿＿＿＿＿＿＿＿＿＿＿＿＿＿＿＿＿＿＿＿＿＿＿＿＿＿
＿＿＿＿＿＿＿＿＿＿＿＿＿＿＿＿＿＿＿＿＿＿＿＿＿＿＿＿＿＿＿

ボン：いいえ…、先生がおっしゃる通り、工場にはいろんな部門がありますから、2年間で全部の部門を見ることはできないと思います。ですから、まず製造部門と部品調達部門の間のコミュニケーションを調べたいと考えています。なぜこの2つかというと、工場ではやはり製造部門が中心になるということと、部品調達は製造に直接影響するということからです。この2つの部署を対象に調査できるかどうかは、これからハレハレ・ロシアの知人にお願いしようと思っています。

大森チューター：大学院には**修学年数**があります。その間に実験や調査を終わらせて十分な結果を得、論文としてまとめられるような実現性のある研究計画であるかどうかも面接官のチェックポイントです。口頭試問の前には、いつ何をするかという自分の**研究行動**を計画しておく必要があります。

第2部 研究計画の内容を口頭で説明する

研究に関する行動計画

問題9 ボンさんのスケジュール表を参考にして、自分の行動計画を考えてください。
（論文提出時期が分からない場合、修士課程であれば入学した次の年の12月末にしてください。）

入学：09年4月 修了：11年3月	論文提出時期：2011年1月15日	
	行動計画	提出まで残り
09年　　　11月	文献調査を終わらせる	13か月
10年　　　3月	春休みにハレハレ・ロシアで参与観察をする	10か月
10年　4～5月	参与観察の結果を分析する	8か月
10年　　　6月	オンラインでヒアリング調査をする	7か月
10年　7～9月	夏休みにヒアリング調査の結果を分析し結果を考察する	6か月
10年　10～12月	論文執筆	3か月
10年　　　12月	プルーフリーディング（日本人に読んでもらう）	1か月
11年　　　1月	誤字・脱字を最終チェックする	0か月

口頭試問のときの注意点

　面接官がチェックしているのは、質問に対する答えだけではありません。口頭試問のときの態度なども重要な評価項目になります。先生や友達に頼んで面接官になってもらい、口頭試問のリハーサルをしておきましょう。（質問は、問題1～8などを参考に、面接官役の人に考えてもらってください。）そして、次の点について評価をしてもらいましょう。できれば、リハーサルをビデオに撮って、自分でも評価をしてみてください。

■態度 ・清潔できちんとした服装をしていましたか。

　　　・ノックをしてから部屋に入りましたか。

　　　・部屋に入るとき、「失礼します」とあいさつしましたか。

　　　・いすは面接官に勧められてから座りましたか。

　　　・背中を伸ばして座っていましたか。

　　　・足を動かしたり、手で髪の毛や服を触ったりしませんでしたか。

　　　・面接官の目を見て、明るく大きな声で、はっきりと話していましたか。

　　　・面接が終わったとき、「ありがとうございました。失礼します」のようなあいさつをしましたか。

190

答え方
- 「です・ます体」で話しましたか。
- 質問に対して「はい」と返事をしてから答えましたか。
- 理由を聞く質問に対して、答えの終わりを「それで」を使ってまとめていましたか。
- 質問の意図に合った答えをしていましたか。
- 話を途中でやめたりしませんでしたか。

大森チューター：実際の口頭試問ではとても緊張します。緊張すると、普段はちゃんと話せることでも、上手に話せなくなってしまうものです。口頭試問のときに、落ち着いて答えられるようにするため、何度も練習をしておきましょう。

コラム 「その他の質問」

口頭試問では、どんな質問でも面接官の意図を考えて、それに合った答えができるようにしましょう。以下に、過去に多くの大学院で実際に出された質問をまとめたので、参考にしてください。

筆記試験について
- どの問題ができなかったのですか。
- どうしてできなかったのですか。
- 小論文で解答した内容について、もう少し詳しく説明してください。

大学の成績証明書について
- この科目は具体的にどんな内容ですか。
- なぜこの科目は成績が悪いのですか。

ほかの大学院との併願について
- ほかの大学院も受験していますか。
- 今後、受験する予定はありますか。

就業経験について
- なぜ、仕事を辞めて日本に留学しようと思ったのですか。
- 仕事をしていて一番良かったこと／一番大変だったことは何ですか。

提出作品について（主に、芸術系・建築系の場合）
- 作品のコンセプト、製作の手順について説明してください。
- どのようなソフトウェア／機器が使えますか。

第2部　研究計画の内容を口頭で説明する

第2部 研究計画の内容を口頭で説明する

第 2 部 の ま と め

質問

1. パワーポイントを作るときに注意しなければならないのは、どんなことですか。

2. 発表原稿を作るときに注意しなければならないのは、どんなことですか。

3. プレゼンテーションの前にしておくことは、どんなことですか。

4. 口頭試問でよく聞かれる質問はどんなことですか。

5. 口頭試問のときに注意しなければならないのは、どんなことですか。

6. どうしてプレゼンテーションや口頭試問の前にリハーサルをするのですか。

重要な言葉

□ ①プレゼンテーション　　□ ②発表資料　　□ ③発表原稿

□ ④パワーポイント　　□ ⑤スライド　　□ ⑥制限時間

□ ⑦フォント　　□ ⑧箇条書き　　□ ⑨（⇨⇩などの）記号

□ ⑩（パワーポイントの）アニメーション　　□ ⑪です・ます体

□ ⑫あいさつ　　□ ⑬敬語　　□ ⑭和語

□ ⑮（USB メモリーなどの）メディア　　□ ⑯配布資料

□ ⑰リハーサル　　□ ⑱口頭試問　　□ ⑲（質問の）意図

□ ⑳修学年数　　□ ㉑研究行動　　□ ㉒（口頭試問のときの）態度

第3部

情報を収集しよう!

第3部では、大学院入試や指導教員に関する情報を検索します。また、指導教員にコンタクトをとる場合のEメールの書き方を学びます。

第3部

受験や研究計画に関する情報を収集する

指導教員にコンタクトをとる

大学院と指導教員を探す

第3部 受験や研究計画に関する情報を収集する

大学院と指導教員を探しましょう

　自分が志望する研究科はどの大学院にあるか、どんな試験があるかなど調べたいときはJPSS（日本留学情報データベースサイト）やWeb大学・大学院展（大学進学・大学院進学情報サイト）、『大学院受験案内』（晶文社）（2019年現在）などが便利です。ただし、詳細については必ず各大学院の**募集要項**で確認するようにしてください。

大学院と研究科の検索－JPSS

問題1 ボンさんは東京にある大学院の修士課程（博士前期課程）で「経営学」を専攻したいと思っています。どんな大学院があるか検索してください。

JPSS（https://www.jpss.jp/ja/）の「学校を探す」→「大学院」→「フリーワード検索」の画面へ。

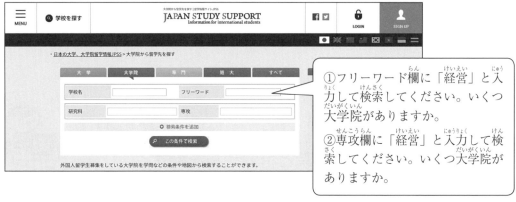

①フリーワード欄に「経営」と入力して検索してください。いくつ大学院がありますか。
②専攻欄に「経営」と入力して検索してください。いくつ大学院がありますか。

（2019年4月現在）

大森チューター

　検索結果は探し方によって異なる場合もあります。
　複数のキーワードで検索してみる、キーワードを組み合わせるなどの工夫をして調べるようにしましょう。また、受験情報収集には、
　　○ 各大学院の**オープンキャンパス**
　　○ 日本学生支援機構主催の**「外国人学生のための進学説明会」**
などに積極的に参加するといいでしょう。

196

大学院の受験情報 – JPSS

以下はボンさんが検索した東日大学の受験情報です。情報を読み取り、次の質問に答えてください。＊この大学は実際には存在しないもので、JPSS にも掲載されていません。

大学名	東日大学	種別	私立	研究科	経営学研究科
問い合わせ先	留学生センター　電話 03-3371-▮▮▮▮				
課程	前期博士課程				
専攻	国際経営学、会計学、経営管理学、経営情報学				
留学生特別選考の有無	有り				
個別資格審査の有無	有り（出願資格②に該当する者）				
過去問の公開	公開（郵送可）、詳細は大学院ホームページを参照すること				
その他の注意事項	指導教員の事前承認が不要 日本留学試験（270 点以上）または日本語能力試験利用（要 1 級合格）＊ TOEFL または TOEIC 受験者は入学試験の英語科目を免除する				
出願資格	①外国において学校教育における 16 年以上の課程を修了した者 ②大学を卒業した者と同等以上の学力があると認められた者で 　22 歳以上の者（詳細は電話で問い合わせること）				
出願期間	第 1 期：2008 年 9 月 18 日～26 日　第 2 期：2009 年 1 月 10 日～18 日				
試験日	第 1 期：2008 年 11 月 23 日～24 日　第 2 期：2009 年 2 月 16 日～17 日				
選考方法	書類選考、専門科目（日本語で解答）、小論文、口頭試問、語学（英語）				

＊日本語能力試験のレベルは、4 段階（1 級～4 級）から 5 段階（N1～N5）になりました。

問題 2
① この大学は国立大学ですか、私立大学ですか。
② 出願や受験について分からないことがあるときはどうしますか。
③ 留学生のための特別な試験がありますか。
④ 日本語のレベルはどのくらい必要ですか。
⑤ 過去の問題を見ることができますか。
⑥ 出願の前に先生に会わなければなりませんか。
⑦ 修士課程（前期博士課程）は 1 年に何回試験がありますか。
⑧ いつ願書を出しますか。
⑨ 試験はいつですか。
⑩ どんな試験がありますか。

大森チューター:　受験情報を調べるときに知っておくべき言葉を以下にまとめます。これらの言葉は、大学院の事務室に問い合わせるときにも必要なので、意味の確認だけでなく、正しく読めるようにしておきましょう。

大学院の課程と身分

大学院には、2年間の**修士課程**と5年間の**博士課程**があります。博士課程は**前期博士課程**（2年間）と**後期博士課程**（3年間）に分かれていて、前期博士課程は修士課程に該当します。これらの課程に正式に所属し、学位の取得ができる学生を**正規生**と呼びます。正規生になれない場合は、**研究生**や**科目等履修生**、**聴講生**として在籍する方法もありますが、学位は取得できません。研究生や科目等履修生は受験前に指導教員の**事前承認**が必要とされる場合が多いです。また、留学ビザを取得するために必要な履修時間の規定もあるので、各大学院に問い合わせて確認しましょう。

大学院の種類

研究者を育成するための修士・博士課程をもつ一般の大学院のほかに、高度専門職業人を育成するための**専門職大学院**があります。専門職大学院には、ビジネススクールや法科大学院などがあり、出願資格には就業経験が必要とされる場合が多いです。通常2年間で修了し、修士の学位が取得できます。（法科大学院には修学年数が3年間で、博士の学位が取得できる課程もあります。）

大学院の出願資格

修士課程（博士前期課程）における留学生の一般的な**出願資格**は「外国において、学校教育における16年の課程を修了した者及び修了見込みの者」です。この基準を満たしていない場合は、出願前に**個別資格審査**が必要になります。

大学院の出願時期

年に2回入試のある大学院では、夏から10～11月ごろにかけて**第1次募集（秋季募集）**、年明けの1～3月に**第2次募集（春季募集）**を行いますが、入学時期はどちらも4月である場合が多いです。

大学院の受験科目

書類選考、**筆記試験**（**専門科目・小論文・外国語・数学**など）、**口述試験**が中心ですが、プレゼンテーションの試験が課される大学院もあります。

大森チューター:　受験に関するさらに詳しい情報は各大学院の**募集要項**を入手して確認するようにします。また、**過去問**を入手して、試験の傾向を知っておくことも大切です。募集要項や**過去問**の入手のしかたは、大学院のホームページを見ると分かります。

大学院のホームページの見方

以下はボンさんが検索した東日大学大学院経営学研究科のホームページです。これを見て、以下の問題に答えてください。＊この大学院やホームページは実際には存在しません。

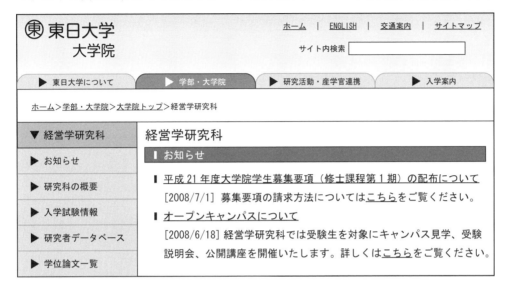

問題 3
① 経営学研究科にどんな専攻があるか知りたいときは、どこを見ますか。
② 経営学研究科にどんな先生がいるか知りたいときは、どこを見ますか。
③ 経営学研究科の学生がどんな研究をしているか知りたいときは、どこを見ますか。
④ オープンキャンパスに参加すると、どんなことができますか。
⑤ 募集要項がほしいときは、どこを見ますか。

大森チューター

> **学位論文**（**修士論文**や**博士論文**）は大学院における研究のゴールとして執筆するものです。第3部コラム（p.206～211）に論文の例があるので、見てみましょう。
> また、大学院のホームページのように膨大な情報がある中から、自分の探している情報を得たいときは「ページの検索」を行うと便利です。
> （Windowsの場合はCtrl + Fを押すとできます。）

Webページから探したい言葉を入力する。
例）募集要項

第3部　受験や研究計画に関する情報を収集する

199

募集要項や過去問の入手のしかた

東日大学 大学院

ホーム | ENGLISH | 交通案内 | サイトマップ
サイト内検索

▶ 東日大学について　▶ 学部・大学院　▶ 研究活動・産学官連携　▶ 入学案内

ホーム＞学部・大学院＞大学院トップ＞入学試験情報

募集要項の請求について

■ 請求・問い合わせ先

大久保キャンパス事務局
〒169-0074 東京都新宿区北新宿 3-11-1
東日大学大学院 大久保キャンパス事務局 入試係（03-3371-1111）

請求方法
1. 平日 9:00 〜 16:30 の間に事務局入試係に直接お越しください。(8/9 〜 8/17, 12/27 〜 1/4 を除く)
   窓口では募集要項を無料で配布しております。
   過去問題（過去3年分）はコピー代として1部400円が必要です。
2. 以下①、②と、切手390円分をはった返信用封筒（角型2号 /A4版に住所、氏名を明記）を同封して郵送してください。(E-mailによる請求には応じかねます。)
   ① 800円分の切手または郵便小為替（募集要項代金として）
      過去問題（過去3年分）の送付を希望する場合は、400円分を追加すること
   ② 以下の必要事項を記入したメモ
   【必要事項】
   ● 郵便番号・住所・氏名・電話番号
   ● 研究科・専攻名
   ● 課程（修士課程または博士後期課程）
   ● 入試制度（一般・社会人・外国人留学生）
   ● 過去問題を希望する場合は「過去問題を希望」と明記

問題4
① 募集要項はどんな方法で入手できますか。
② 郵送を希望する場合、事務局に送る封筒には何を入れますか。
③ 返信用封筒は何のために使うのでしょうか。

問題5 ☆発展
自分が東日大学の経営学研究科修士課程の募集要項と過去問の送付を郵送で希望する場合を考えて、封筒、返信用封筒、メモを実際に書いてください。

大森チューター：募集要項や過去問は、大学のホームページからダウンロードする、あるいは、「テレメール」や「モバっちょ」で請求する大学が増えました。

大学院の教員のホームページの見方

東日大学 大学院

ホーム | ENGLISH | 交通案内 | サイトマップ

サイト内検索

▶ 東日大学について　▶ 学部・大学院　▶ 研究活動・産学官連携　▶ 入学案内

ホーム>研究活動・産学官連携>研究者データベース>経営学研究科>海渡達人

海渡 達人（ウミワタリ タツヒト）

所属：	経営学研究科	職名：	准教授	取得学位：	国際経営学修士（MBA）、経営学博士
所属学会：	日本・アジア経営学会、国際経営学会					
研究分野：	経営学（国際経営） <研究テーマ> 経営の海外移転、グローバル企業における組織管理					
担当科目：	国際経営移転特論、国際経営移転演習、組織管理論Ⅰ・Ⅱ					
研究業績： （論文・ 発表等）	<著作・論文> ■『新国際経営学入門』（2007）凡凡出版　■『日本の国際経営』（2004）人人書房 ■「日本企業のアジアへの経営移転」（2008）東日大学経営学会誌 vol.28 ■「カイ国電子部品市場における日本企業の参入」（2007）東日大学経営学会誌 vol.26 著書・論文等一覧（82件へ）					
ホームページ：	http://www.tonichi.ac.jp/tatsujin_watari/					

問題 6
① 海渡先生の研究課題は何ですか。
② 大学院では海渡先生のどんな授業が受けられますか。
③ 海渡先生の書いた論文にはどんなものがありますか。
④ 海渡先生の書いた本の中で、初心者でも読めそうなものはどれですか。

ボンさん

海渡先生の研究には「アジアへの経営移転」があるけど、先生の下で「ロシアに進出する企業の経営」について研究することはできるのかな。東日大学のオープンキャンパスに行ってみようかな。

大森チューター

大学院のホームページでどんな先生がいるかを1人ひとり探すのは時間がかかるものです。そんなときは、次に紹介するサイトが役立ちます。

第3部　受験や研究計画に関する情報を収集する

指導教員の探し方 - researchmap

researchmap（リサーチマップ）は、自分の研究テーマに合う先生がどの大学院にいるか探すのに便利なサイトです。

researchmap（新世代研究基盤リサーチマップ　https://researchmap.jp/search/）

研究のキーワードを入れる。

自分の研究テーマに近い先生がどの大学院に所属しているかが分かる。

（2019年4月現在）

問題7
① 例として、ボンさんの研究のキーワード「経営」「移転」「コミュニケーション」を入力し、先生を検索してください。何人の先生が見つかりましたか。
② ①から1人の先生を選んで、その先生の名前をCiNii Articles（第1部-第2課STEP2 p.50〜51を参照）のキーワード欄に入力し、どんな論文があるか探してください。

大森チューター： 大学院受験は、先生の研究課題、出願資格、専門試験の形式・内容などが自分の条件に合っているかどうかを確認する必要があり、個別的です。そのため、自分自身で情報を収集する力が不可欠です。

STEP 2 指導教員にコンタクトをとりましょう

　事前承認が必要な場合や、自分の研究計画が本当に先生の研究課題と合っているかどうかを受験前に確認するために、大学院の先生に**コンタクト**をとることがあります。大学院や先生の研究室のホームページに連絡先が掲載されている場合、Eメールでコンタクトをとることが多いですが、ただ連絡すればいいというものではありません。コンタクトをとるには、その目的を明確にし、きちんと準備をしておく必要があります。

メールの件名

国で使っていたメールアドレスから送信すると、**文字化け**してしまって読めない場合があるため、日本のプロバイダでアドレス（.jp）を取得する。

メール▼　　アドレスブック▼
送信　　下書きの保存　　キャンセル
From: bonjin-samuatsu@nihon.co.jp
To: "海渡達人先生"<tatsujin_watari@tonichi.ac.jp>
Cc:　　　　　　　　　　　　　　Bcc:
件名: 研究計画に関するご相談（ボン・ジーン）
ファイルを添付

件名は目的に合わせて、
- 事前承認のお願い
- 受験に関するご相談

などと書く。
かっこ書きで自分の名前を入れておくとよい。

初めて送るメールに必要な内容

① あいさつ（突然メールを送る失礼を断る）
② 自己紹介（国籍、出身大学、学部での専攻、職歴、現在の所属）
③ 研究動機と大学院での研究課題（これまでの学習経験・就業経験と、これからの研究課題との関連性、日本で研究する理由を簡潔に説明する）
④ 先生の下で研究を希望する理由（先生の研究分野・研究課題に触れ、自分の研究課題との接点を説明する）
⑤ 用件（研究計画書の送付、事前承認、研究室訪問など自分の用件を述べる）
⑥ あいさつ
⑦ 自分の連絡先（氏名、住所、電話番号、Eメールアドレス）

第3部 受験や研究計画に関する情報を収集する

初めて送るメールの本文

> 学校名や研究科名は正式名称を書く。

> 1文ごとに改行する。

東日大学大学院 経営学研究科

海渡 達人 先生

> 「教授」ではなく「先生」と書く。

突然、このようなメールを差し上げる失礼をお許しください。
私はサムアツ国から来た留学生で、ボン・ジーンと申します。
サムアツ国際大学外国語学部ロシア語学科に在学中に1年間ロシアに語学留学し、2006年に大学を卒業しました。
2008年4月に来日し、現在は東京日本語教育センターで日本語を勉強しております。

> 段落ごとに1行空け

大学ではロシア語を専攻していましたが、教養科目として「経営学概論」や「国際経済学」、「異文化コミュニケーション学」、「統計学」なども履修しました。

> 大学院での研究に関連ある科目を挙げる。

私はロシアに留学中、日本のトヨタ車が外国車として人気を集める一方、サムアツのハレハレ自動車の売れ行きが伸びていないことを知りました。
そして、自分が工場で働いていた経験を通して、海外への経営移転には、異文化に属する従業員同士の部門間コミュニケーションが重要なのではないかと考えるようになりました。
それで、大学院では、トヨタのロシアへの経営移転を参考に、2009年に稼動するハレハレ自動車サンクトペテルブルグ工場の部門間コミュニケーションについて調査し、それが企業活動や業績に与える影響について研究したいと考えています。
トヨタの経営に関するデータを収集するには日本が最適だと考え、留学を決めました。

> 正式名称を書く

貴校のホームページを拝見し、海渡先生のご専門が「経営の海外移転」、「グローバル企業における組織管理」だと知り、ぜひ先生の下で修士正規生として研究したいと希望しております。
海渡先生はアジアでの経営移転に関して数多くの論文を書いていらっしゃいますが、私はロシアへの経営移転を研究テーマとして考えておりますので、先生の下で研究が可能かどうか、ご相談させていただきたく、このようなメールをお送り致しました。
お忙しいところ大変恐縮ですが、研究計画書を送らせていただき、見ていただくことは可能でしょうか。
勝手なお願いで申し訳ありませんが、よろしくお願い申し上げます。

ボン・ジーン
住所：〒164-0012 東京都中野区本町2-▮-▮ サムアツ同窓会館103号
電話：090-1234-▮▮▮▮
Email：bonjin-samuatsu@nihon.co.jp

問題1 ① ボンさんのメールの用件は何ですか。用件の部分に線を引いてください。
② ボンさんのメールに適当な件名をつけてください。

204

STEP2 指導教員にコンタクトをとりましょう

大森チューター: メールの本文は長くなりすぎないようにします。また、初めてのメールには研究計画書などの添付ファイルはつけずに送ったほうがよいです。敬語は、あいさつ・お願い・お礼などよく使う表現を覚えてください。

返信メールの書き方

問題2 先生から次のような返信が来た場合、それに対してどのようなメールを書けばよいでしょうか。①〜⑧の_____に適当な言葉を書いてください。

ボンさん

メールをありがとう。
研究計画ですが、私も以前ロシアにある日本企業の組織管理について調査したことがあり、大変興味深く思います。
相談を受けることは構いませんので、一度研究室にいらっしゃいませんか。
私のオフィスアワーは毎週火曜と木曜の午後1〜4時ですが、事前に連絡願います。

東日大学 経営学研究科
海渡 達人 (UMIWATARI Tatsuhito)

ボンさんの返信メール

東日大学 経営学研究科
海渡 達人 先生

早速ご返信①_____、ありがとうございました。
また、大変お忙しい②_____、お時間を③_____いただけるとのこと、本当にありがとうございます。
お伺いする日時ですが、火曜日と木曜日の午後1〜4時でしたら、私は今週以降いつでも
④_____ので、指定していただければ、その時間にお伺い致します。
お伺いする際、研究計画書と履歴書、大学の卒業証明書、成績証明書を⑤_____
_____つもりですが、他に必要なものが⑥_____たら、
お教え願いたいと思います。
研究計画に関しては、データ分析の観点など、主に研究方法についてご相談⑦_____
_____いただければと存じますので、よろしくお願い⑧_____。

ボン・ジーン

第3部 受験や研究計画に関する情報を収集する

205

「研究論文」

学位論文の執筆は大学院での研究のゴールです。また、研究計画書を書くためにも、先行研究にあたることは不可欠です。ここでは、研究論文の1つを例として紹介します。

＊この論文は実際には存在しません。ただし、引用文献は実在します。

Tonichi University of Education
東日教育大学『東日教育大学日本語教育研究論集』18（2），93-115，2007年12月

依頼場面における日本語とカイ語の談話展開
－発話数と発話機能の差に注目して－

ターイ・ウカリ
Thaai Wukari

要 旨

日本人とカイ人がコミュニケーションするとき、談話展開のしかたの違いにより誤解が起きることがある。本研究では、日本語とカイ語の依頼の談話展開には発話数と発話機能の点でどのような違いがあるかを明らかにするために、日本語母語話者とカイ語母語話者を対象にアンケート調査を行った。その結果、依頼をする際、カイ語母語話者より日本語母語話者のほうが発話数が多いこと、「感情表示」「関係作り」「状況質問」「お詫び」という発話機能に差があることが分かった。本稿で得られた結果は、日本人とカイ人の円滑な異文化コミュニケーション実現に向けた基礎資料となると考えられる。

【キーワード】 依頼　カイ語母語話者　談話展開　move（ムーヴ）　発話機能

1. はじめに

　日本の大学や大学院で学ぶ外国人留学生は、一般的に日本留学試験やそれぞれの学校の入学試験を経ていることから、彼らの日本語能力は日常生活には困らないレベルに達していると考えられる。しかし、それにもかかわらず、しばしば日本語母語話者とのコミュニケーションがうまくいかないという声が聞かれる。例えば、ある日本人の友人は、「知り合いの留学生から急に電話がかかってきて、今在学している大学院の願書を送ってほしいと言われた。久しぶりの電話だったのに、何の前置きもなしにいきなり頼まれて、不快な思いをした」と言う。一方、あるカイ人の友人は、「日本人の話し方は回りくどいと思う。別に大したお願いでもないのに、長々と話をされると他人みたいに感じてしまう。日本人と長く付き合っても友達になれないような気がする」と言う。

　言語行動は文化と密接な関係があると考えられており、前述の依頼を巡るコミュニケーション上のトラブルも、文化の違いが関わっていると言えよう。言語行動の中でも人にもの

を頼む「依頼」は日常頻繁に行われ、人間関係に影響を与える。したがって、より円滑な異文化コミュニケーションを築くためには、それぞれの言語における依頼表現の特徴を明らかにする必要があると言えよう。

日カイの依頼表現に関しては、ウケル（1992）、奈良（1998）、ヤスマナ（2000, 2002）によって、語・文レベルでの研究が進められている。しかし、井出（1982）が各言語における待遇法の全体を知るには1つの文のレベルを超えた談話のレベルでの待遇体も含めなければならないと指摘しているように、日カイの依頼表現の違いを明らかにするには、語や文レベルだけではなく、談話レベルでも研究を行う必要がある。日カイを対象とした談話レベルでの研究としては、カイ語母語話者の電話における日本語会話を分析したシッカリ（1997）、日カイの謝罪表現の対照研究を行った利根（2003）などがあるが、依頼表現を対象としたものは筆者の知るかぎり見当たらない。

そこで、本稿では日本人と日本に留学しているカイ人留学生を対象に、依頼場面の会話文を作成してもらい、その談話展開を分析する。分析は厳（1999）にならって、発話数と発話機能の観点から行う。本研究の目的は、日カイの依頼の談話展開において発話数と発話機能にどのような違いがあるのかを明らかにすることである。

2. 研究方法

(1) データの収集方法

依頼の場面において、どのように依頼するかを問うためのアンケートを作成した。日本人対象者には日本語で、カイ人対象者にはカイ語で回答してもらった。

(2) 場面設定

依頼の内容の難易度により、依頼のしかたに差が出ると考え、難易度が高いと思われるものと、あまり高くないと思われるものの2つの場面を設定した。具体的には、次のような場面設定を行った。

　場面①　お金が足りなくて困っているとき、ちょうど友達が通りかかったので、1万円貸してほしいと頼む。
　場面②　来週水曜日のアルバイトに行けなくなって困っているとき、同じアルバイトをしている友達がちょうど通りかかったので、日にちを替わってほしいと頼む。

(3) 対象者

・20代、30代の男性日本語母語話者 10名
・20代、30代の女性日本語母語話者 10名
・20代、30代の男性カイ語母語話者 10名
・20代、30代の女性カイ語母語話者 10名

(4) 分析方法

日カイの発話数の違いを調べるために、move（ムーヴ）数の違いを見ることにする。

moveとは、「会話の中で話し手が発するスピーチの最小の機能的な単位」（津田，1989）である。また、厳（1999）を参考に、それぞれのmoveを「注意喚起」「あいさつ」「感情表示」「理由説明」「関係作り」「状況質問」「依頼」「お詫び」の8つの発話機能に分類する。moveの分け方と発話機能の分類のしかたを以下の表1に示す。

表1：moveの分け方と発話機能の分類のしかた

発話機能	具体例
注意喚起	あ、あのー
あいさつ	こんにちは
感情表示	あー、いや、ちょっと、今困ってて
理由説明	ちょっと1万円くらいお金足りなくて
関係作り	今実験終わったところ？
状況質問	お金持ってる？
依頼	1万円貸してくれないかなー
お詫び	申し訳ないんだけど

3. 結果と考察

表2は、40名のアンケートに見られたmove総数を、場面別、言語別に示したものである。（　　）の中の数字は、1人あたりの平均move数である。

表2：場面別言語別move総数と1人あたりの平均move数

	日本語	カイ語
場面①	179 （8.95）	116 （5.8）
場面②	151 （7.55）	106 （5.3）
合計	330 （8.25）	222 （5.55）

この表を見ると、日本語の場面①の総move数は179であるのに対して、場面②の総move数は151であり、30近い差がある。つまり、日本語母語話者の場合、内容的に難易度の高い「お金を貸してもらう」という場面①の依頼を達成するには、アルバイトを代わってもらうように頼むという場面②の依頼より、会話のやり取りが多く必要であることが分かる。

一方、カイ語の場合、場面①の総move数は116（1人あたりの平均数5.8）、場面②の総move数は106（1人あたりの平均数5.3）と、場面①と②の間に大きな違いは現れなかった。つまり、場面の違いは、依頼の発話数にあまり影響していないことが分かる。

次に、場面①と②のmove数を合計した全move数を見ると、日本語母語話者は330（1人あたり8.25）であるのに対し、カイ語母語話者は222（1人あたり5.55）であり、日本語とカイ語で明らかに差が見られた。そこで、この差が統計的にも意味のある差であるのかを確認するために、t検定を行ったところ、1％水準で有意差が見られた（t（38）= 7.182 p < 0.01）。つまり、依頼の発話総数は、カイ語母語話者より日本語母語話者のほうが多いことが分かる。

次の表3は、各発話機能の総出現数を言語別に示したものである。

表3：発話機能総move数

発話機能	日本語	カイ語
注意喚起	40	46
あいさつ	26	28
感情表示	14	0
理由説明	80	66
関係作り	22	4
状況質問	22	34
依頼	72	72
お詫び	22	10

この表から、日カイで大きく異なっているのは、感情表示（日本14、カイ0）、関係作り（日本22、カイ4）、状況質問（日本22、カイ34）、お詫び（日本22、カイ10）であることが分かる。

「感情表示」に関しては、日本語が14見られたのに対し、カイ語には1つも見られなかった。感情表示とは、自身が今困っているなどの気持ちを相手に示すものである。日本語母語話者が自身の感情を相手に理解させようとするのに対し、カイ語母語話者にはそのような態度はないのではないだろうか。

「関係作り」に関しても、カイ語より日本語のほうが多い。カイ語母語話者は、日本語母語話者が本題とは関係のない会話をしてお互いの関係を確認してから徐々に本題に入る傾向があるのに対して、親しい友人の関係であれば直接的に本題に入る傾向があると思われる。

「状況質問」に関しては、日本語よりカイ語のほうが多かった。状況質問とは、相手がお金を持っているか、相手に時間があるかどうかを確認するものである。状況質問は、相手の状況に直接関わるものであることから、カイ語母語話者は友人と話題を共有しようとする傾向があると思われる。

以上の結果に見られるカイ人の特徴をまとめると、1）自分が困っているという気持ちを相手に伝えようとしない、2）親しい友人の関係であれば直接的に本題に入る、3）友人と話題を共有しようとする、の3点になる。これらの特徴は、キンベン（2004）が挙げるカイ人の気質と合致すると言える。キンベン（2004）によると、カイ人は、親戚全員が1つの家で生活してきた大家族制の中で、新しいことや知らないことは相手にすぐに聞く習慣が身についており、だれもが自分のことは100％理解されていると考える傾向があるということである。

なお、「お詫び」に関しては、カイ語より日本語のほうが多かったが、一般的に日本人はよく謝ると言われており、今回もその傾向が出たと言えよう。

4. まとめと今後の課題

本研究では、依頼をする際、カイ語母語話者より日本語母語話者のほうが発話数が多いこ

と、「感情表示」「関係作り」「状況質問」「お詫び」という発話機能に差がある傾向があることが分かった。本稿で得られた結果をもとに、さらに研究を積み重ねていくことで、日本語やカイ語を学ぶ学生の円滑な異文化コミュニケーションのために、貴重な示唆を与えることができると考える。

　しかしながら、本研究では、分析対象となる資料は40しかなかった。そのため、発話数においては、統計的有意差を得ることができたが、発話機能に関しては統計的手法で確認することができなかった。両国の違いをはっきり説明するためにデータ数を増やす必要がある。

　また、今回はアンケートという方法でデータを収集したが、筆記の場合は考えて書く時間が十分に与えられるため、実際の場面で起こる依頼とは違いがあると考えられる。今後は、より実際の依頼に近づけるため、ロールプレイなどの手法を用いて今回のデータと比較したい。

　さらに、分析においては、今回は日本語母語話者とカイ語母語話者の差に注目したため、男女別、場面別の分析は十分に行えなかった。今後、依頼の談話を明らかにしていくためには、依頼の相手との関係、依頼の内容の難易度も詳細に考慮し、より多角的に分析していく必要がある。

謝辞

　本稿の執筆にあたっては、多くのカイ語母語話者、日本語母語話者の方にご協力をいただきました。また、日日大学の久田光先生から貴重なご助言を賜りました。この場をお借りして、感謝の意を申し上げます。

参考文献

井出祥子（1982）「待遇表現と男女差の比較」『日英語比較講座　文化と社会　第5巻』大修館書店

ウケル・ウカロウ（1992）『カイ語の特質』東日大学出版会*

厳廷美（1999）「発話機能からみた日本語と韓国語の依頼の構造とストラテジー－談話完成テストの結果から－」『社会言語科学会研究大会予稿集第4回』

キンベン・ヤメヌ（2004）『カイ国の風土とカイ人気質』東日大学出版会*

シッカリ・チョーサー（1997）「カイ語母語話者による日本語会話の特徴－電話の開始部・終結部を中心にして」『日カイ文化学』第2号*

津田葵（1989）「社会言語学」『英語学体系第6巻　英語学の関連分野』大修館書店

利根修士（2003）「日カイの謝罪表現」『日日大学比較文化部研究紀要』第14号*

奈良博士（1998）「依頼の文末表現－日カイの対照研究」『日カイ文化学』第3号*

ヤスマナ・イー（2000）「依頼表現の日カイ対照研究－ポライトネスの観点から」『敬語と文化』第3巻, 第2号*

ヤスマナ・イー（2002）「日カイ依頼表現『〜てください』と『Gaineo（ガイノー）〜』の相違」『敬語と文化』第3巻, 第10号*

＊　参考文献の中で*のついているものは実際には存在しません。

資料 留学生の発話に関するアンケート調査

　私は東日教育大学日本語教育研究科修士課程1年の留学生です。今、発話の研究のためにアンケート調査をしています。ご協力をお願いします。なお、この調査の結果は、研究以外の目的に使わないことを約束します。

東日教育大学日本語教育研究科修士課程1年

ターイ・ウカリ

1　あなたは次のような場面で何と言いますか。

場面1
あなたは今、お金が足りなくて困っています。そのとき、ちょうど友達が通りかかりました。友達に1万円貸してほしいと頼んでください。

　　　　　　　　　　　　　　　　　　　　　　　　　　　　　　　　　　　

場面2
あなたは来週水曜日のアルバイトに行けなくなって、困っています。そのとき、ちょうど同じアルバイトをしている友達が通りかかりました。友達に日にちを替わってほしいと頼んでください。

　　　　　　　　　　　　　　　　　　　　　　　　　　　　　　　　　　　

2　以下の答えを1つ選んで☑を入れてください。（＊はカイ人の方のみ回答願います。）

年齢　　　　□10代　　□20代　　□30代　　□40代　　□50代以上
性別　　　　□男　　　□女
母語　　　　□カイ語　□日本語
＊日本語学習歴　□0～6か月　□6か月～1年　□1年～2年　□2年以上
＊在日期間　　　□0～6か月　□6か月～1年　□1年～2年　□2年以上
＊日本での就業経験（アルバイト含む）
　　　　　　　□有（□0～6か月　□6か月～1年　□1年～2年　□2年以上）　□無

ご協力ありがとうございました。

- - - - - - - - - - - - - - - - - - 切り取り - - - - - - - - - - - - - - - - - -

同 意 書

このアンケートが、論文作成のために使用されることに同意します。　はい　　いいえ

署名　　　　　　　　　　　　　　　

第3部　受験や研究計画に関する情報を収集する

「依頼場面における日本語とカイ語の談話展開－発話数と発話機能の差に注目して－」言葉リスト

		英語			英語
1	相手	the person to whom one is speaking	33	確認する	to confirm
2	明らかに	clearly	34	課題	subject
3	明らかにする	to clarify	35	合致する	to fit perfectly
4	挙げる	to raise	36	替わる	to switch
5	(時間が) 与えられる	(time) is provided	37	関係作り	relationship development
6	(示唆を) 与える	to provide (suggestions)	38	感謝の意を申し上げる	to humbly express (one's) gratitude
7	(違いが) 現れない	(differences) do not appear	39	願書	application
8	アンケート	survey	40	感情	emotion, feeling
9	アンケート調査	survey	41	感情表示	expression of emotion
10	いきなり	suddenly	42	感じる	to feel
11	一般的に	generally	43	観点	point of view
12	一方	on the other hand	44	気質	disposition
13	異文化コミュニケーション	intercultural communication	45	(コミュニケーションを) 築く	to build (communication)
14	意味がある	has meaning	46	基礎資料	a (document serving as a) basis
15	依頼	request	47	貴重な	valuable
16	依頼場面	request situations	48	機能的な	functional
17	依頼表現	request expressions	49	(話題を) 共有する	to share a connection (to a certain topic)
18	(コミュニケーションが) うまくいかない	(communication) does not proceed smoothly	50	具体的	concrete
19	影響	effect	51	具体例	a specific example
20	影響しない	do not affect	52	傾向	tendency
21	影響を与える	to affect	53	結果	a result
22	(結果が) 得られる	(a result) is obtained	54	言語	language
23	円滑な	smooth	55	言語行動	linguistic behavior
24	多くの	many	56	言語別	classified by language
25	(誤解が) 起きる	(a misunderstanding) arises	57	合計 (する)	sum (to add up)
26	(依頼が) 起こる	(a request) is made	58	考察	study
27	お互い	each other	59	考慮する	to consider
28	お詫び	an apology	60	(レベルを) 超える	to transcend (the level)
29	終わる	to finish	61	誤解	a misunderstanding
30	回答する	to answer	62	ご協力をいただく	to benefit from the cooperation (of ～)
31	関わる	to have to do (with ～)	63	ご助言を賜る	to receive advice
32	各	each ～			

STEP2 指導教員にコンタクトをとりましょう

		英語
64	異なる	to differ
65	この場をお借りして	at this juncture
66	コミュニケーション	communication
67	コミュニケーションする	to communicate
68	今回	this ～
69	今後	hereafter
70	差	discrepancy
71	際	when ～
72	（大学院に）在学する	to be a student (at a graduate school)
73	最小	minimum
74	作成する	to make, prepare
75	さらに	all the more
76	参考に（する）	(to use) as a reference
77	参考文献	reference
78	しかしながら	however
79	示唆	suggestion
80	自身	itself (himself, herself, themselves, etc.)
81	したがって	accordingly
82	親しい	friendly
83	実験	experiment
84	実現	realization
85	実際の	actual
86	執筆	the writing
87	指摘する	to point out
88	しばしば	frequently
89	示す	to show
90	謝罪表現	expressions of apology
91	謝辞	acknowledgements
92	収集する	to collect, gather
93	収集方法	collection method
94	手法	technique
95	状況	situation

		英語
96	状況質問	a status-confirming question
97	詳細に	in detail
98	徐々に	gradually
99	知り合い	acquaintance
100	資料	material
101	親戚全員	all of (one's) relatives
102	水準	level
103	数字	a number
104	（研究が）進められる	(research) is being advanced
105	スピーチ	speech
106	設定する	to set up
107	全～	total
108	前述	above-mentioned
109	全体	the whole
110	総出現数	total number of appearances
111	～総数	total number of ～
112	総 move 数	the total number of moves
113	そこで	for these reasons
114	それぞれ	every
115	大家族制	a society in which large families are the norm
116	待遇体	discourse politeness
117	待遇法	politeness
118	大したお願いでもないのに	in spite of being a small request ～
119	対象	(research) subject
120	対照研究	contrastive study
121	対象者	(research) subject
122	態度	attitude
123	多角的に	from many angles
124	（レベルに）達する	to reach (a level)
125	（依頼を）達成する	to fulfill (a request)
126	他人	outsider
127	だれもが	anybody

第3部 受験や研究計画に関する情報を収集する

213

第3部 受験や研究計画に関する情報を収集する

		英語
128	単位	unit
129	男女別	separate by sex
130	談話	discourse
131	談話展開	discourse development
132	(30)近い	about (30)
133	違い	difference
134	近づける	to bring close
135	注意喚起	attention-getting
136	(差に)注目する	to focus on (a discrepancy)
137	直接	directly
138	直接的に	directly
139	付き合う	to associate with
140	次に	next
141	つまり	in other words
142	積み重ねる	to pile up, heap up
143	t検定	t-test
144	データ	data
145	データ数	the amount of data
146	(差が)出る	(discrepancy) emerges
147	問う	to inquire
148	統計的手法	a statistical method
149	統計的に	statistically
150	統計的有意差を得る	to obtain a statistically significant difference
151	通りかかる	to happen to pass by
152	特徴	characteristic
153	トラブル	trouble
154	内容	content
155	内容的に	according to topic
156	なお	still
157	長々と	for a long time
158	ならう	to model
159	難易度	degree of difficulty
160	日常	everyday
161	日常生活	everyday life

		英語
162	日本語能力	Japanese language proficiency
163	日本語母語話者	native speakers of Japanese
164	日本留学試験	the EJU (Examination for Japanese University Admission for International Students)
165	人間関係	human relations
166	(本題に)入る	to broach (the main topic)
167	(スピーチを)発する	to utter (speech)
168	発話機能	an utterance function
169	発話数	the number of utterances
170	発話総数	total number of utterances
171	話し方	way of speaking
172	話し手	speaker
173	場面	scene
174	場面設定	situational set-up
175	場面別	classified by situation
176	比較する	to compare
177	筆記	note-taking
178	筆者の知るかぎり	to the author's knowledge
179	一人あたり	for each person
180	日にち	the date
181	表	a table
182	頻繁に	frequently
183	不快な思いをする	to be offended
184	含める	to include
185	増やす	to increase
186	分析(する)	analysis (to analyze)
187	分析対象	the subjects being analyzed
188	分析方法	method of analysis
189	分類(する)	classification (to classify)
190	平均	average
191	(入学試験を)経る	to have the experience of (taking the entrance exam)

		英語
192	方法(ほうほう)	method
193	本研究(ほんけんきゅう)	this study
194	本稿(ほんこう)	this study
195	本題(ほんだい)	main subject, this subject
196	本題(ほんだい)に入(はい)る	to broach the main topic
197	前置(まえお)き	preface
198	まとめ	conclusion
199	まとめる	to summarize
200	(話(はな)し方(かた)が)回(まわ)りくどい	verbose
201	見当(みあ)たらない	(it) is not to be found
202	密接(みっせつ)な	close
203	身(み)につく	to learn (e.g. of habits, skills, etc.)
204	move 数(すう)	the number of moves
205	move 総数(そうすう)	the total number of moves
206	(実現(じつげん)に)向(む)ける	to orient (something) toward (the realization of 〜)
207	目的(もくてき)	a purpose
208	用(もち)いる	to utilize
209	(会話(かいわ)の)やり取(と)り	(conversational) give-and-take
210	有意差(ゆういさ)	(statistically) significant difference
211	友人(ゆうじん)	friend
212	要旨(ようし)	abstract
213	より	more 〜
214	理解(りかい)させる	to make (something) understood
215	理解(りかい)される	to be understood
216	留学(りゅうがく)する	to study abroad
217	両国(りょうこく)	both countries
218	レベル	level
219	ロールプレイ	role-playing
220	分(わ)け方(かた)	way of dividing
221	話題(わだい)	topic

第3部 受験や研究計画に関する情報を収集する

第 3 部 の ま と め

質問

1．JPSS や Web 大学・大学院などのサイトを見ると、どんなことが分かりますか。

2．修士課程のことを別の言い方で何といいますか。

3．正規生と研究生の違いは何ですか。

4．自分の出願資格に何か問題がある人は、どんな手続きが必要ですか。

5．大学院の入試にはどんな試験科目がありますか。

6．researchmap（リサーチマップ）ではどんなことが調べられますか。

7．大学院の先生に初めて送るメールにはどんな内容を書きますか。

8．大学院の先生に初めてメールを送るときは、どんなことに気をつけますか。

重要な言葉

- ☐ ①ＪＰＳＳ
- ☐ ②募集要項
- ☐ ③オープンキャンパス
- ☐ ④大学院進学説明会
- ☐ ⑤修士課程
- ☐ ⑥博士課程
- ☐ ⑦前期博士課程
- ☐ ⑧後期博士課程
- ☐ ⑨正規生
- ☐ ⑩研究生
- ☐ ⑪科目等履修生
- ☐ ⑫聴講生
- ☐ ⑬学位
- ☐ ⑭事前承認
- ☐ ⑮専門職大学院
- ☐ ⑯出願資格
- ☐ ⑰個別資格審査
- ☐ ⑱第１次募集
- ☐ ⑲秋季募集
- ☐ ⑳第２次募集
- ☐ ㉑春季募集
- ☐ ㉒書類選考
- ☐ ㉓筆記試験
- ☐ ㉔専門科目
- ☐ ㉕小論文
- ☐ ㉖口述試験
- ☐ ㉗過去問
- ☐ ㉘学位論文
- ☐ ㉙修士論文
- ☐ ㉚博士論文
- ☐ ㉛コンタクト
- ☐ ㉜文字化け

「重要な言葉」リスト

「重要な言葉」リスト

第 1 部

		課	英語	中国語	韓国語
1	ISSN（＝論文／雑誌の識別番号）	4	ISSN (＝a standardized number for classifying)	ISSN（＝书刊杂志的标准刊号）	ISSN（＝논문／잡지의 구별번호）
2	アンケート	5	survey, questionnaire	调查问卷	앙케이트
3	インタビュー	5	interview	采访	인터뷰
4	（先行研究の）引用	4	a quotation (from a prior study)	（先行研究的）引用	（선행연구에서）인용
5	引用文献	4	works cited	引用文献	인용문헌
6	OPAC（＝図書館の蔵書検索データベース）	2	OPAC (＝online library catalogue)	OPAC（＝图书查询检索系统）	OPAC（＝도서관 도서검색 데이타베이스）
7	（企業の）オープンデータ	4	(corporate) open data	（企业的）公开数据	（기업의）공개자료, 오픈데이터
8	概説書	2	introductory text	初级入门书	개설서
9	（調査／実験の）概要	5	(survey／experiment) outline	（调查／实验的）概要	（조사／실험의）개요
10	書き言葉	3	written language	书面用语	문어체
11	学会	2	academic conference	学会	학회
12	巻号	4	volume number	卷号	권호
13	間接引用	4	an indirect quotation	间接引用	간접인용
14	キーワード	2	key word	关键词	키워드
15	機関名	4	organization name	机构名称	기관명
16	客観的	3	objective	客观地	객관적
17	掲載ページ	4	page number	登载页码	게재된 페이지
18	研究意義	1	the significance of one's research	研究意义	연구의의
19	研究意欲	3	strong desire to conduct research	研究热情	연구의욕
20	研究課題	1	the subject of one's research	研究课题	연구과제
21	研究計画書	1	research proposal	研究计划书	연구계획서
22	研究行動（を表す言葉）	5	(a description of) research activities	（表现）研究行动（的语句）	연구행동（을 나타내는 말）
23	研究雑誌	2	academic journal	研究杂志	연구잡지
24	研究動機	1	research background	研究动机	연구동기
25	研究の観点	2	a study's perspective	研究的观点	연구관점
26	研究の卵（＝研究課題につながる物事の疑問点や問題点）	2	(areas in a field of research which are unclear or could be improved)	（对事物产生疑问并可能将此作为研究课题）	（연구과제에 관련된 의문점이나 문제점）
27	研究発表	2	presentation of findings	研究发表	연구발표
28	研究方法	1	research method	研究方法	연구방법
29	研究目的	1	the purpose of one's research	研究目的	연구목적
30	研究論文	2	research paper	研究论文	연구논문

		課	英語	中国語	韓国語
31	現地調査	5	field survey	实地调查	현지조사
32	構成	1	composition	构成	구성
33	構成項目	1	sections of a paper	构成项目	구성항목
34	国立国会図書館	4	The National Diet Library	国立国会图书馆	국립국회도서관
35	(判断の) 根拠	3	grounds (for a judgement)	(判断的) 根据	(판단의) 근거
36	(論文の) 今後の課題	2	possible topic (for a future study)	(论文的) 今后的课题	(논문의) 앞으로의 과제
37	CiNii Articles (＝論文検索データベース)	2	CiNii (=online database of journal articles)	CiNii (＝论文检索系统)	CiNii (＝논문 검색 데이타베이스)
38	雑誌名	4	periodical name	杂志名称	잡지명
39	サブタイトル	2	subtitle	副标题	서브타이틀
40	参考文献	1	references	参考文献	참고문헌
41	参与観察	5	on-site observation	参与观察	참여관찰
42	思考地図	2	an idea map	思维导图	마인드맵
43	指示語	4	instruction	指示代词	지시어
44	事実	3	fact	事实	사실
45	(段落の) 支持文	4	(paragraph) supporting sentence	(段落中的) 论据	(단락의) 지지문
46	実験	5	experiment	实验	실험
47	(研究方法の) 実現性	5	the possibility that (a research plan) may be carried out successfully	(研究方法的) 可行性	(연구방법의) 실현가능성
48	実体験	2	actual experience	实际经历	실제 체험
49	質的調査	5	qualitative study	质的调查	질적조사
50	執筆者名	4	author's name	作者名	집필자명
51	質問紙	5	sheet of paper filled out by a survey participant	问卷	질문지
52	社会調査	5	social research	社会调查	사회조사
53	就業経験	2	work experience	工作经验	취업경험
54	主観的	3	subjectively	主观性	주관적
55	出典	4	source of reference	出处	출전
56	出版者	4	publisher	出版人	출판하는 곳
57	出版年	4	year of publication	出版年份	출판연도
58	事例研究	5	case study	事例研究	사례연구
59	新書 (＝書籍の種類の1つ)	2	(a type of publication)	(书籍的一种)	(서적의 한 종류)
60	数値データ	4	numerical data	数值数据	수치데이터
61	接続詞	3	conjunction	接续词	접속사
62	先行研究	2	earlier research	先行研究	선행연구
63	専門書	2	a specialized publication	专业书籍	전문서
64	専門用語辞典	4	dictionary of specialized terms in a field	专业用语词典	전문용어사전
65	卒業論文	2	graduation thesis	毕业论文	졸업논문

		課	英語	中国語	韓国語
66	（文章の）大意	4	the general idea (of a passage)	（文章的）大意	（문장의）대의
67	第三者の判断	3	third-party judgement	第三者的判断	제 3 자의 판단
68	タイトル	2	title	标题	제목
69	段落構成	3	paragraph composition	段落构成	단락구성
70	（段落の）中心文	4	(paragraph) topic sentence	（段落的）中心句	（단락의）중심문
71	直接引用	4	direct quotation	直接引用	직접인용
72	である体	1	である form	である体	である체
73	データの収集方法	5	data collection method	数据的收集方法	데이타 수집방법
74	データの分析方法	5	data analysis method	数据的分析方法	데이타 분석방법
75	統計	5	statistics	统计	통계
76	（研究としての）独自性	3	(study's) originality	（研究的）独特性	（연구의）독창성
77	トピック	3	topic	话题	토픽
78	（骨組みになる文章への）肉付け（＝アウトラインの文章に詳しい説明を加えること）	4	(fleshing out an outline into full text)	（对文章的框架加以详细说明）	（문장의 아웃라인에 구체적인 설명을 덧붙이는 것）
79	入門書	2	introductory text	入门书	입문서
80	背景	1	background	背景	배경
81	白書	4	white paper	白皮书	백서
82	（論文の）はじめに	4	introduction (to a paper)	（论文的）序	（논문에서）서론
83	発行年	4	year of publication	发行年份	발행연도
84	筆者の判断	3	judgement by the author	作者的判断	필자의 판단
85	文献調査	5	literature survey	文献调查	문헌조사
86	文献リスト	4	list of works, references	文献一览	문헌일람
87	（文章の）骨組み（＝アウトライン）	1	(an outline)	（文章的框架）	（문장의 아웃라인）
88	（文章の）骨組みになる項目	1	(an outline)	（文章的框架）	（문장의 아웃라인）
89	孫引き	4	requotation	引用他人文献中的引文	인용자료에서 본 다른 인용내용
90	（論文の）要旨	2	abstract (of a paper)	（论文的）要旨	（논문의）요지
91	（文章の）要点	2	the gist (of a paper)	（文章的）要点	（문장의）요점
92	（文章の）要約	4	abstract (of a paper)	（文章的）摘要	（문장의）요약
93	予測	2	prediction	预测	예측
94	researchmap（＝研究者検索データベース）	2	researchmap (=online database of researchers)	researchmap（＝研究者检索系统）	researchmap（＝연구자 검색 데이타베이스）
95	量的調査	5	quantitative study	量的调查	양적조사
96	論理性	1	"logicality"; the degree to which an argument etc. coheres logically	逻辑性	논리성
97	（文章の）論理展開	3	logical progression (of a paper)	（文章的）逻辑展开	（문장의）논리전개

第２部

		英語	中国語	韓国語
98	（発表開始と終了の）挨拶	(introductory/ concluding) remarks	（开场白与结束语等） 报告时的问候语	（발표시작때와 종료때） 인사
99	（ppt の）アニメーション	(PowerPoint) animation	（幻灯片的）动画效果	（ppt 에서） 애니메이션
100	（質問の）意図	the purpose (of a question)	（提问的）目的	（질문의） 의도
101	箇条書き	list of items	按纲目书写	번호매기기
102	（→↓などの）記号	symbols (such as →↓)	（→↓ e.g 等）符号	（→↓ 메모리등） 기호
103	敬語	honorific language	敬语	경어
104	研究行動	research activities	研究行动	연구행동
105	口頭試問	oral examination	口试	구술시험
106	修学年数	number of years of education	学习年数	교육년수
107	スライド	slide	幻灯片	슬라이드
108	制限時間	time limit	规定时间	제한시간
109	（口頭試問のときの）態度	attitude (in an oral examination)	（口试时的）态度	（구술시험때의） 태도
110	です・ます体	です・ます form	です・ます体	です・ます체
111	配布資料	handout	分发的资料	배포자료
112	発表原稿	presentation script	报告的原稿	발표원고
113	発表資料	printout accompanying one's presentation	报告的资料	발표자료
114	パワーポイント	PowerPoint	幻灯片制作软件	파워포인트
115	フォント	font	字的大小，字体	폰트
116	プレゼンテーション	presentation	做演讲，报告	프레젠테이션
117	（USB メモリーなどの）メディア	media (e.g., on a USB memory stick)	（USB 等）储存媒体	（USB 메모리등） 매체
118	リハーサル	rehearsal	试演	리허설
119	和語	words used in Japanese that are also of Japanese origin	固有的日语	일본의 고유어

第３部

		英語	中国語	韓国語
120	オープンキャンパス	open campus day	校园参观日	오픈캠퍼스
121	学位	academic degree	学位	학위
122	学位論文	undergraduate thesis	学位论文	학위논문
123	過去問	a past examination	以前的试题	과거기출문제
124	科目等履修生 （＝大学院の身分の１つ）	(type of graduate student)	（大学院身份的一种）	（대학원 신분의 하나）
125	研究生 （＝大学院の身分の１つ）	(type of graduate student)	（大学院身份的一种）	（대학원 신분의 하나）
126	後期博士課程	"the second half of the doctoral course" (=doctoral course)	后期博士课程	후기 박사과정

		英語	中国語	韓国語
127	口述試験	interview examination	口试	구술시험
128	個別資格審査	individual checking for fulfillment of admissions requirements prior to application	个别资格审查	개별자격심사
129	コンタクト	contact	取得联系	연락해서 약속하다
130	JPSS（＝受験情報検索データベース）	JPSS (=online database for foreigners hoping to study in Japan)	JPSS（＝考试信息检索系统）	JPSS（＝수험정보 검색 데이타베이스）
131	事前承認	prior consent	事先批准	사전승인
132	秋季募集	fall admissions	秋季招生	추계모집
133	修士課程	master's course	硕士课程	석사과정
134	修士論文	master's thesis	硕士论文	석사논문
135	出願資格	admissions requirements	应试资格	출원자격
136	春季募集	spring admissions	春季招生	춘계모집
137	小論文	short essay	小论文	소논문
138	書類選考	document-based acceptance	书面资料审查	서류선고, 서류전형
139	正規生	regular student	正式在校生	정규학생
140	前期博士課程	"the first half of the doctoral course" (＝master's course)	前期博士课程	전기 박사과정
141	専門科目	a specialized academic subject	专业科目	전문과목
142	専門職大学院	professional graduate school	专门职业大学院	전문대학원
143	第1次募集	first-round admissions	第1次招生	제1차모집
144	大学院進学説明会	graduate school admissions information session	大学院升学说明会	대학원 진학설명회
145	第2次募集	second-round admissions	第2次招生	제2차모집
146	聴講生（＝大学院の身分の1つ）	auditing student (a type of graduate student)	旁听生（大学院身份的一种）	청강생（대학원 신분의 하나）
147	博士課程	doctoral course	博士课程	박사과정
148	博士論文	doctoral thesis	博士论文	박사논문
149	筆記試験	written examination	笔试	필기시험
150	募集要項	application guidelines	招生简章	모집요강
151	文字化け	garbling	乱码	글자가 깨짐

【著作者】
　独立行政法人日本学生支援機構

【監　修】
　北原保雄（筑波大学名誉教授、独立行政法人日本学生機構元理事長）

【執筆者】
　独立行政法人日本学生支援機構東京日本語教育センター

　大学院教材開発委員会
　　静谷麻美（代表、全章執筆）
　　森塚千絵（全章執筆補助）
　　小池圭美（執筆補助・語彙リスト）
　　弓田純道（執筆協力）
　　北條幸興（執筆協力）

【作成協力】
　大阪日本語教育センター

【改訂担当】
　独立行政法人日本学生支援機構東京日本語教育センター
　　秦　靖子

実践　研究計画作成法［第2版］
情報収集からプレゼンテーションまで

2009年2月20日　初版第1刷発行
2019年6月20日　第2版第1刷発行
2025年2月28日　第2版第4刷発行

著　作　者　　独立行政法人 JASSO 日本学生支援機構　Japan Student Services Organization

〒226-8503　神奈川県横浜市緑区長津田町4259 S-3
https://www.jasso.go.jp/

発　　　行　　株式会社 凡人社
〒102-0093　東京都千代田区平河町1-3-13
TEL：03-3263-3959

定　　　価　　2,400円＋税

ISBN978-4-89358-960-6　©2009, 2019 Japan Student Services Organization
Printed in Japan
落丁本・乱丁本はお取り替え致します。

＊本書の一部あるいは全部について、著作者から文書による承諾を得ずに、いかなる方法においても
　無断で転載・複写・複製することは法律で固く禁じられています。